本书获评“复旦大学哲学学院源恺优秀著作奖”，
由上海易顺公益基金会资助出版。

日月光华·哲学讲堂
05

胡塞尔与世间意识

游淙祺 著

上海人民出版社

“日月光华·哲学讲堂”

总　序

“日月光华，旦复旦兮”，思想之光，代代相传。在复旦哲学走过一个甲子之际，“日月光华·哲学书系”“日月光华·哲学讲堂”应运而生。这既是过往思想探索道路上的熊熊火炬、坚实基石，以砥砺后学继续前行，亦是期许未来学术反思的灿然星辰，以哲学之力去勘探人类精神应有之高度与广度。为此我们当勤力不殆。

“兼容并蓄”是哲学成长的传统。复旦哲学建系伊始，胡曲园、全增嘏、严北溟、陈珪如、王遽常等诸位先生学识渊博，其来有自，奠定了复旦哲学的根基。他们不独立门户，不自我设限；不囿于教条，不作茧自缚；而是以思想和问题为导向，兼容并蓄，博采众长，由此造就了六十年来复旦哲学的特色。诸位奠基先贤始终秉持开放而专业的态度，强调严肃的学术训练，打破学科壁垒，追寻思想脉络，力图以真切而深邃的思考达致生活之本真，捕获时代之真精神。

“时代担当”是哲学不变的使命。自改革开放以来，以思想深入时代，对时代的根本问题做出积极的求索，是复旦哲学另一鲜明特色。真正的思想探索和学术研究理应紧紧抓住与时代血脉相连的命题，提炼精华，不断对人类生存的基本问题做出回应。优秀的学者须有冷静的观察和深刻的反思，但这并不等于将自己封闭在无根的象牙塔中，而是真实切入时代命题的必备前提。切问而近思，人类的根本命题始终激荡于胸！

我们将以开放和虚心的态度来传承这些特色。“日月光华·哲学书系”不但收录了复旦哲院教师以往的代表作，也以面向未来的姿态吸纳复旦哲学人的最新力作。我们希望这一书系成为一个开放式的平台，容括从复旦求学毕业、在复旦从事教学和研究，以及到复旦访问讲学的学界同仁的优秀著作，成为推动汉语哲学界不断发展前行的引擎。“日月光华·哲学讲堂”，则希望将国内外学者在复旦所做的系列讲座整理成文，编撰成册，努力展现他们思想的源初轨迹，推进其理论贡献。以“日月光华”为平台，以学术为标尺，使国内外学者的优秀成果在共同的学术园地上得以生动呈现。这必将是一个漫长而艰难的过程，需要敞开的思想姿态、精准的学术眼光以及异乎寻常的努力与坚持。我们希望把复旦哲学“扎根学术、守护思想、引领时代”的精神风格融入这两套丛书；我们期许它们不但能透彻地刻画出思想本身的发展历程，还将在更为丰满的历史背景中探索思想的作用。唯有如此，我们的“书系”与“讲堂”才能超出一般丛书的范畴，真正成为时代精神的捕获者、诠释者、推动者和反思者。

思想薪传在任何时代都是无声、艰辛和困苦的事业，隐于“日月光华”这一个美好愿景背后的深意尤为紧要：思想的守护与传承是“旦复旦兮”的意涵所在，精神的催生与创新是生生不息的事业。“书系”与“讲堂”的出版并不是书目的简单累积，也不是论题的无序叠加，而是思想的流动和生长，是已有思想激发新思想的创造过程，是不断厘清思想限度、拓展思想疆域的漫漫求索，是幽微星火燃成日月光华的坦荡大道。在几辈学人的共同理想和不懈坚持下，既往的成果已然成为了沉甸甸的责任。由此，在决定“书系”与“讲堂”的名称时，我们选择将我们的理想标示出来，以此自勉，并期望人类趋向光明的理想，终将启迪人类的智慧，并照亮那条崎岖不平却让人甘之如饴的精神道路。

是为序。

孙向晨

二〇一六年九月于复旦

目录

前　言

过去十多年来我专注于胡塞尔的现象学心理学的研究。何以如此？这和我过去90年代初期在德国的学习经验有关。在留学期间我跟随瓦登斐尔斯（B. Waldenfels）学习，他对德国现象学与法国现象学同等重视。在一次系内同仁共同参与讨论的场合，他响应一位同僚提问“究竟什么是现象学?”时，随口说出“现象学是一个大家庭”。后来我亲自向他求证他的这项说法，他表示十分肯定，显示该说法不仅仅是随便说说而已。

1994年他担任德国现象学学会会长，主办两年一度的研讨会，主题是“胡塞尔之后的现象学发展”，讨论主题从舍勒、海德格、高达美到法国的沙特、梅洛-庞蒂、德里达以及流亡美国的舒茨、顾维奇等人，几乎我们今天熟悉的重要人物皆包含在内。充分反映他本人对现象学的一贯态度。

然而，在我年复一年听瓦登斐尔斯上课的过程中，我没能听到他解释为何这些著名的现象学家都可以被认定为现象学大家庭的一分子。特别是当时流行的看法是，正如利柯（Paul Ricoeur）指出的，后胡塞尔时代的现象学发展是一部反叛胡塞尔（特别是他的超越论现象学）的历史。如此一来，普遍认为，胡塞尔的现象学与后胡塞尔时代的现象学之间存在着一道鸿沟。那么，有何理由将他们看成都是大家庭的成员。这是我旅外求学期间留下的困惑。

我自己的博士论文涉及舒茨与胡塞尔之间的关系。学界一般认为，两者存在对立关系。但舒茨并没有因为反对胡塞尔而被排除在现象学的圈外，社会学界流行一种看法，舒茨独自发展出一套全然不同于胡塞尔类型的现象学，称之为实践性的生活世界理论，一种接近舍勒哲学人类学或早期海德格哲学的现象学。但我不以为然，舒茨在早期代表作《社会世界之意义构成》就认定他做的学问就是胡塞尔自己所提出的现象学心理学。这是提供解答我困惑的一条重要线索。那么，什么是现象学心理学？

现象学心理学（phänomenologische Psychologie）在关于胡塞尔现象学的研究讨论里比较受到忽视，一般而言，就算是对它有所介绍，往往也是放在与超越论现象学（transzendentale Phänomenologie）有关的脉络底下去进行。甚至于专门对这方面做介绍的学者如柯克曼尔斯

（J. Kockelmans），也不免拿它跟诠释现象学与存在现象学做比较，刻意其凸显其限度。（Kockelmans，1967: 314ff.; 1987，24ff.）

为了对胡塞尔的现象学心理学有所了解，我们需要厘清下列几个问题：胡塞尔是如何发展出他的现象学心理学？我们如何从他的思想发展来理解现象学心理学？他对这门学科所期待的任务是什么？这门学科的根本特质何在？它与超越论现象学之间的异同是如何？与经验心理学的关系又有何关系？最后，现象学与生活的关系如何可以透过现象学心理学而展现新的可能性？

一、胡塞尔思想发展脉络中的现象学心理学

面对知识基础的问题，我们可否采用作为经验科学的心理学来解决问题？年轻的胡塞尔受到当时知识氛围的影响对这个问题抱持着肯定的看法。在自然科学拥有辉煌成就的时代，人们普遍相信追问知识基础的问题要不是没有必要，就是这个问题可以借助于自然科学的研究来加以回答，人们对于自然科学的高度信心导致人们以为人类的知识本身无非也是个自然事实，亦即所谓的心理学事实，所以理当可以用心理学的方式加以研究。

19世纪中叶到末期的德国学者诸如弗利士（Jakob Friedrich Fries，1783—1844），利普士（Theodor Lipps，1851—1914），或是英国学者穆勒（John Stuart Mill，1806—1873），斯宾塞（Herbert Spencer，1820—1903）等人都是典型代表。胡塞尔于1887年完成的博士论文《算术哲学》（*Philosophie der Arithmetik*）正是根据19世纪下半叶流行的观念——实证科学比思辨性思考更具有正当性——为数字寻找理论基础。

但众所周知，这种想法很快就受到他人的挑战以及自己的质疑，无论是出于弗列格的批评或是胡塞尔本人的自觉，胡塞尔本人最终体认到知识的客观性不能奠定在实际发生的心理活动之上。知识具有独立于心理活动的客观性，但这个客观性又不能与人脱离关系。如何兼顾主观与客观两方面的要求于是成为胡塞尔致力解决的问题。其初步结果就是分别于 1900 年与 1901 年出版的两卷《逻辑研究》（*Logische Untersuchungen*）。

在《逻辑研究》第一卷当中，胡塞尔严厉批评想要借助于经验心理学为逻辑奠定基础的心理主义（Psychologismus），在《逻辑研究》第二卷则借助于布伦塔诺（Franz Brentano，1838—1917）的纯粹描述心理学来完成为逻辑奠基的任务。胡塞尔没有完全脱离采用心理学思路去处理知识基础的问题，只不过这次采用的是不同于经验科学涵义底下的心理学。为了让这个以意识为探讨对象的新类型心理学和一般涵义底下的心理学区别开来，胡塞尔采用新的名称来界定自己的学问，也就是后来广为人知的“现象学”。“描述心理学”依旧包含了“心理学”一词，难免引起误解，于是在《逻辑研究》第二卷改用后来持续沿用的“现象学”。客观的知识对象和主观经验是无法脱离关系的，两者是相互对应的（korrelativ），这便是胡塞尔所谓意向性的基本涵义。一般人总认为逻辑和我们心理活动没有关联，胡塞尔认为这不可能，逻辑思考的对象虽然是客观而超越的，但毕竟不是悬空的。所以逻辑和经验依然是分不开的，但经验不是指在特定的时间、空间中实际发生的经验，而是指“纯粹经验”。

根据不同的经验类型，胡塞尔对心理学做了区分：一种心理学从事理论与纯粹描述的研究，所探讨的对象是具有普遍性的先天本质结构；另一种则是面对具体事实所从事的经验研究。前一种心理学所研究的是本质的普遍对象；后一种则是探讨人类发生在真实具体经验中的对象。在 1903 年，胡塞尔开始发展他的超越论现象学之际，仍无法区分“现象学心理学”和“现象学哲学”（“超越论现象学”）。而“现象学心理学”“超越论现象学”“经验心理学”三者的关系也还说不清楚，这要等到 1925 年左右才完成。

1906 年以后胡塞尔逐渐体认超越论现象学的重要性。对他而言，“意识”与“心灵”的区分是十分关键的：“心灵”是传统形上学使用的语言，后者认为心灵是人的形式，但这么一来，意识被对象化，而人则被当作外在对象来对待。意识是现象学的用语，当我们说，人是有意识的存在时，不是因为他是一个人，所以有意识，而是相反，因为意识，才说自己是个人。意识是我们思考所有问题的起点。意识有如汪洋大海，含摄所有一切，这是超越论现象学的根本要旨。胡塞尔在《现象学的观念》(*Die Idee der Phänomenologie*，1907）五个讲座首度系统性地阐明这个道理。此外，这时期的胡塞尔不仅为逻辑数学提供基础，也开始为其他科学寻求基础。基于自然态度的自然科学无心也无力解决知识基础的问题。胡塞尔认为自然科学虽然成就辉煌，但却无法说明自身知识的基础，原因在于自然科学所持的是一种自然态度，相信它研究的对象客观地存在于世界之中，因而经常忽略人在研究问题时所扮演的角色。

胡塞尔在《哲学作为一门严格科学》(*Philosophie als strenge Wissenschaft*，1911）这篇文章里，提出哲学作为严格科学的构想，对他来说，这是哲学从古希腊以来就含藏的理想。哲学本来就是在为所有其他的知识提供基础。近代以来，古典的哲学理想没有得到真正的落实，胡塞尔认为自己所创立的超越论现象学便是要去完成这项工作，这是他赋予现象学的最高意义。

早期胡塞尔采取心理主义立场，想用客观科学来为知识的客观性奠定基础。他知道这条路是行不通的，想用描述心理学来尝试，但后来发现与其用心理学这个名称倒不如用现象学，心理学于是受到冷落。如前所言，胡塞尔从1903年开始朝超越论现象学去发展，以便为所有知识及科学奠定稳固的基础，在这个阶段，现象学和心理学是截然对立的。1913年以后他虽重新引入心理学而谈“理性心理学”，但现象学与心理学毕竟仍存在巨大的区别。直到1923年当他于《第一哲学》(*Erste Philosophie*）正式提出“现象学心理学”的名称时，心理学和现象学才取得直接的连系。

胡塞尔认为，心理学不应该只是经验心理学而已，而必须认识到心理现象的主要部分，也就是意向性。胡塞尔心目中新的心理学乃是一种先天的、本质的、直观的，或者纯粹的描述心理学，也就是一门探讨意向性的学问。这门新的心理学所研究的对象仍然停留在自然态度之中。被心理学当作研究对象的就是一般人。被研究者预设了研究者的存在，那么，研究者是不是也处在自然态度中呢？答案是否定的，研究者不能处在自然态度中，因为他已经做了还原，执行还原活动的人再也不是处于自然态度中了。自然态度的特性就是没有太多想法，是很直接的。而经过还原之后的人，眼光有所调整，调整到所谓心理现象上面来。现象学心理学所研究的就是心理现象不可或缺的那部分，即其本质，胡塞尔要描述的是这个范围内心理现象的本质，而意向性就是心理活动的本质所在。

现象学心理学试图描述世间人，他们如何面对事情，去洞察他们心理的本质结构。现象学心理学所研究的是活在世界中的人之心理，而非超越世界的意识。在胡塞尔看来，这种在世界中的心理同样具有意向性的结构，也就是：经验与被经验的对象之间具有对应性。

假如我们问，有关于人的科学要怎么进行研究？研究者所面对的是什么？胡塞尔将会说，他必须针对心理的事实及其法则去进行研究，也就是要回到对象如何在心理活动中显现去加以考察。在胡塞尔看来，这也是所有人文社会学科的研究最终必须要面对的部分

二、现象学心理学的涵义

虽然心理学这门学问自柏拉图以来就已经存在，随着时代的演进，到了近代心理学也有着新的发展，但是笛卡尔等近代学者都未能使心理学成为一门基础稳固的学科，原因是他们把物理学当作典范去作研究。一味效仿物理学模式的后果是，心理学不能真正找到自己的研究起点，其成就当然也是远远落后在自然科学之后（Hua IX，3ff.）。19世纪开始心理学有了新的进展，缪勒（J. von Müller），冯特（Wundt）等人发展了一种与生理学密切相关的研究取向。这个学派颇受欢迎，逐渐也取得心理学的正统地位，因为它们确实做出一些成果来，甚至发展出一些研究心理现象的技巧，借此取得与严格的物理学平起平坐的机会（Hua IX，5）。当然这个学派并非没有受到批评，例如狄尔泰在1894年所出版的书《描写与分析心理学的观念》（*Ideen über eine beschreibende und zergliedernde Psychologie*）便指出，近代心理学追随严格的自然科学思考模式以及原子式的物理学（atomische Physik）只会得到一些对心理现象不适切的研究成果，因为心理学对于狄尔泰来说就如同其他的人文科学，真正重点是内在经验。这种经验不是从最小而且独立的心理现象出发，再经由因果法则的连结而形成的，反而心理经验的特质在于人有体验（Erlebnis）以及永不止息的生命流动经验。总之，心灵活动（Seelenleben）绝非外表显示出来的样子而已。我们正是可以从内在与外在的区别来看心理现象与自然现象的差异，对于前者我们接近的方法是理解（Verstehen），而接近后者的方法则是解释（Erklären）。例如我们如果要理解一个艺术作品，就非得进入作者的生命经验去理解不可，单单对于作者以及作品进行外在的观察是不足的。（Hua IX，11）

胡塞尔赞同狄尔泰的批评，因为他看到了当时人文科学界崇尚自然科学方法的迷思，然而这不表示胡塞尔完全认同狄尔泰的所有观点。在他看来，狄尔泰事实上在解释心理现象上面没能得到真正的突破，也就是对于心理现象的本质，狄尔泰并未说出个所以然。狄尔泰提出了“描写心理学”（beschreibende Psychologie），试图建立心理的“类型学”（Typologie），借此为人文社会科学提供基础，它使我们得以了解一个政治家为何会采取某一项行动，而一个艺术家又为何会创造出某一项作品等等。胡塞尔不赞成狄尔泰所提出来的类型学构想，因为这只能说明精神生命的自然历史，而无法把精神生命或心灵活动奠定在理性的普遍律则上。简单的说，狄尔泰欠缺对于此一普遍律则的认识。在胡塞尔眼中，心理学的首要任务乃是要能指出心理活动的本质（eidos）所在，也就是意识活动与意识对象的相应性（Korrelation）。某个意识活动与其相应的对象不一定要真实的客观存在着，要紧的是那个相互关连性的关系一定要成立。换言之，胡塞尔所在乎的是先天心理学（die apriorische Psychologie）（Hua IX，50），而其核心概念无非是意向性（Intentionalität）。这点正是狄尔泰所未能洞察的。

在此胡塞尔回到《逻辑研究》的论述里去。虽然《逻辑研究》的关心重点是对于逻辑与数学的哲学厘清，而不是心理学，不过胡塞尔却看到《逻辑研究》的研究成果可能导引出本质心理学（eidetische Psychologie），后者正可提供经验心理学以可能性范围。之所以会如此，胡塞尔自己说，《逻辑研究》所重视的乃是"对于逻辑与数学等观念对象在某个意味底下无法分离的心理体验之描述研究。"（Hua IX，24）他甚至说：

> 《逻辑研究》的真正主题以及扩大来讲整个现象学的主题可以如是观之。你们知道，这里所重视的并非

观念对象，不是要在这个领域进行专门的研究。算数，数字的先天科学以及其他的数学构成乃是数学家的事。就传统逻辑而言也不例外，只不过在那里必须事先进行净化而且指明在形式逻辑方面有着一个同样平行的，纯粹逻辑的与观念的对象存在。（Hua IX，26—27）

《逻辑研究》转向对心理领域进行研究而成为描述心理学（deskriptive Psychologie）不是没有道理的。它所要做的，乃是揭示“深藏于思想者的思想体验之内在直观（Innenscahu），以及相关的本质描述。”（Hua IX，28）。总之，研究心理现象的方法在《逻辑研究》中获得突破，这也是后来现象学发展的重要基石。胡塞尔在此要感谢他的老师布伦塔诺所提出的“意向性”（Intentionalität）概念。胡塞尔指出：

所有心理现象的基本特质，意识是意识着什么，首度被当作焦点给提出来，而且是作为最普遍的，从内在经验的明证性之中直接获得以作为心理经验的创造性根本特质描述性的被提出来。（Hua IX，31）

意向性乃是心理现象的基本特质，也是心理学的中心论题（Zentralthema），这是布伦塔诺的创见，可惜的是，布伦塔诺并未能看到这个重要概念的深刻含意，对这个概念未作进一步的阐述（Hua IX，32），反而是狄尔泰，虽然他没能如布伦塔诺提出意向性作为心理现象特质的说法，在接触到胡塞尔的《逻辑研究》之后颇能认同胡塞尔的见解，以至于在胡塞尔的眼中，晚年的狄尔泰思想与现象学的精神可谓不谋而合。（Hua IX，35）

胡塞尔根据意向性所展开的现象学心理学，其具体内容为何?

首先，胡塞尔指出一般心理学处理心理现象的方式是先将心理经验还原为意识单元，之后再借由因果法则将它们联系起来。然而胡塞尔认为意识的综合并非外在的联系而已，它们不是物理现象，只借着因果关系互相连结着，而是“一个包含着意向性的紧密结合存在，一个动机性存在，一个相互意指的决定存在，它与物理的形式和原则完全不能相提并论。”（Hua IX，37）

反思（Reflektion）让心理活动被意识到，而与这个被意识到的领域有关的现象之学问就是现象学心理学。如前所言，它的核心概念是意向性，也就是看到意识体验都是意向性的体验。意向性具综合统一作用，让意识对象得以作为同一的对象，而且是以它的本质类型（Wesenstypik）

呈现出来，虽然在每一个知觉活动的当下我们都只是看到该对象的某个映像（Abschattung）。相同地，意识的各种判断、评价等等活动各有其本质类型。心理学的新任务就是去研究各种心理经验的及对象的基本类型。

具体言之，胡塞尔的现象学心理学作为新的心理学有几项根本特质，分别是“先天性”、“本质性”、“直观”或是“纯粹描述”，“意向性”以及停留在“自然的独断态度”（natürliche，dogmatische Einstellung），而非“哲学的超越论态度”（philosophische，transzendentale Einstellung）。分别说明如下：

1. 先天性意味着这个心理学所重视的乃是本质上的普遍性与必然性，若无它们心理现象就无从被辨认。

2. 直观或纯粹描述指的是先天性的根源，唯有从内在直观以及被直观的内容之分析才能得到普遍的必然性，本质绝不能基于臆测。

3. 经过上述的过程我们将获得最为普遍的心理现象之本质 — 意向性。心理现象是意识的现象，而意识无非就是意识着某物（Bewußtsein als Bewußtsein von etwas）。

4. 心理学家不同于哲学家，他们并非从哲学的基础出发，最后导向普遍的哲学，而是维持像物理学家、数学家或语言学家一样的身份，就是停留在自然态度里头。所有的科学活动都是在自然态度中进行的，先天科学（die apriorischen Wissenschaften）也不例外，因为先天科学的研究仍然是对于世界的研究，有关空间自然的部分如几何学是如此，精神心理的部分，即胡塞尔自己所倡导的现象学心理学也是如此。

先天的涵义，简单的说乃是无可挑战的形式框架，在此框架之内有着种种的经验事实。数学往往被当作是先天科学的典范，先天心理学未尝不可以被比拟为精神领域的数学。当然这不是说胡塞尔认为数学的先天法则可以毫无保留的应用到心理现象去，毕竟它们分别属于两个不同的范畴。

胡塞尔接着说明心理现象与物理现象之间的关系，他主张心理现象只能跟身体一起出现。在知觉世界之中的心理与身体并非分离，两者有别只是理论思考的结果。知觉世界是所有科学的共同预设，但由这个知觉世界所构成的前理论世界与自然科学中的自然是不能混为一谈的，后者实际上预设了一些知觉世界中的原初材料。原初经验是逻辑思维的最终基础，前者指的主要是知觉经验。在经验中出现的个别事物没有一个是孤立的，它们都是在出现在视域（Horizont）中。这个视域一直延伸下去，就是世界。所以说，在知觉经验中出现的东西总是离不开世界的。而且，知觉经验总是以和谐的方式呈现出来，虽然偶有断裂，但总是限于特殊情况。最后，世界作为整体是不被怀疑的，它具有不轻易改变的世界结构，如此把世界当作毫无疑问的存在着乃是自然态度的典型写照。为了使现象学心理学的涵义更加明确化，我们有必要阐明它与超越论现象学之间的异同。

“现象学心理学”“超越论现象学”与“经验心理学”三者之间的关系

胡塞尔在《哲学作为一门严格科学》中指出，19 到 20 世纪之交，哲学被怀疑不是一门科学，被怀疑学术性到底够不够。实际上，不完美对每一门科学来说都不算是缺点，这些学科不会因为不完美而使得人们丧失对它们的信心。哲学有点不同，哲学的不完美仿佛成为一种致命伤，关键在于哲学已经变成各说各话的局面，每个哲学家都认为自己掌控了真理，但却又无法彼此互相说服。哲学从理想来说是要达到真理的，但现实来看，却是分崩离析，因此胡塞尔努力解决这个问题。面对这种情况，胡塞尔问，哲学究竟能不能够变成一门严格的科学，而我们又必须怎么做才可以让它具有科学的性质？胡塞尔想要提供一个令人满意的说法，而答案正是在于确立超越论现象学。

19 世纪到 20 世纪之交，人们一般认为，只有实证科学才有资格被当作严格的科学，哲学被迫向实证科学看齐，这个看法延伸下来就形成了心理主义，也就是想透过经验心理学来替哲学奠定基础。这时，经验心理学变成了哲学的最高标准，哲学只是经验心理学的进一步延伸，在胡塞尔看来，这显然是错误的想法。他认为，经验心理学，如同其他科学，都是奠定在一些预设上面的，而这些预设并不能用心理学自身的方法来加以解释，经验性的心理学本身不能够解释自身背后的预设。经验科学重视实证资料，它的目光总是向外，不回头审视自身，自我审视乃是哲学性的反思工作。一般的实证科学不认为有必要这么做，毕竟它们的重点是在于解决自己学问内部的各种问题，至于背后的预设是怎么来的，往往置之不理。但假如哲学也这么做，就不免产生心理主义的问题。经过多年的反思之后，胡塞尔终于脱离这种想法，走向现象学这条路。

基本上胡塞尔不是反对经验心理学本身，“经验”两个字不是问题的关键所在，重点在于这种心理学把意识给对象化、客观化了，于是造成心理学的基本特质被忽略的结果。比较现象学和一般经验心理学对于意识的研究方式，我们会发现，心理学所关心的重点是在经验的意识，是在自然中被发现的意识，现象学所研究的意识则是纯粹意识。一般人就是因为不太了解两者间的亲近关系及区别，所以才会把心理学当作哲学研究的基础。很多人会误以为心理学有关知识的理论就可以被当作是哲学的理论，如此一来，我们就把知识贬低为只是自然现象的延伸而已。经验心理学研究的心理现象被看作是一个自然现象，也就是外在的，是可以被观察的现象。但原初地呈现在意识当中的心理现象远非只是可被观察的现象，其实质内涵远非自然现象可兹比拟。话说回来，《哲学作为一门严格科学》这篇文章里，超越论现象学和现象学心理学之间并没有被清楚区分，两者笼统地混在一起称作哲学的现象学。（Kockelmans，1967：121）胡塞尔仍未强调，心理学以及它所要研究的那些对象只有透过现象学才可以得到透彻的说明，才不会受到自然主义（Naturalismus）或是客观主义（Objektivismus）的影响。

在 1911 年的文章里没有说明清楚的想法，在 1913 年出版的《观念》第一卷（*Ideen I*）就表达的比较清楚。胡塞尔指出，“本质心理学”（eidetische Psychologie）或“理性心理学”（rationale Psychologie）一方面不是经验心理学，另一方面也不等同于超越论现象学。超越论现象学和本质心理学的差别在于，在超越论现象学里意识是作为绝对的意识，另一种则是和世界相连系的意识，因为这两者都是对于意识不同方面的解释，一个是超越论现象学的意识，一个是心理学的意识，所以现象学对于意识的研究可以分成上述两种型式。

本质心理学处在和超越论现象学和经验心理学两方都有所联系的中介位置上。经验心理学和本质心理学的差别在于前者没有进行本质还原（eidetische Reduktion），后者则有进行本质还原。和超越论现象学相对照，则是它没有进行超越论还原，而后者则有（Kockelmans，1967：124）。到了 1923 年的时候，他在《第一哲学》引进“现象学心理学还原”（phänomenologisch-psychologische Reduktion），借由这种还原现象学心理学乃得以确定成为一门独立的学问。为了进一步说明“现象学心理学”的涵义，我们有必要回头审视超越论现象学的内涵，尤其是超越论还原的涵义。

三、超越论现象学及其还原

胡塞尔之所以提出超越论现象学，乃是受到笛卡尔的启发。胡塞尔的哲学同笛卡尔一样，都是为哲学寻求一个确定无疑的开端和基础，并且希望借此把哲学变成一种“严格的科学”。他总是把“现象学还原”同笛卡尔的“普遍怀疑”相模拟，采用笛卡尔式的怀疑精神将我们对世界客观存在的信念“搁置”起来。也就是说当我们认知这个世界的时候，将世界之物放入括号内不予评论，在意见上保持中立。他说：

> 笛卡尔事实上开启了一门全新的哲学。这门哲学改变了哲学的总体风格，它完成了从朴素的客体向一门超越论的主体主义的彻底转变，这门超越论的主体主义总是在不断重新地，但却始终不足地尝试着达到一个纯粹的最终形态。（Hua I，56）

从这段话中可以看出，笛卡尔的“转向”，是朝向主体、向着自我意识而去的。笛卡尔认为，在纯粹的内部性中可以展现出一种外部性（Hua I，4），主体的内部性才是哲学合法而可靠的场域。胡塞尔认同笛卡尔这一转向，根据胡塞尔的评价，笛卡尔本人的沉思具有典范的意义，它表现为回溯到最终的根基，转向主体性。对此，他解释：

> 因此，我们每一个人都自为和自身地，从这样一个决定开始：将所有在先被给予我们的科学都判作无效。我们不会放弃那个引导着笛卡尔的目标：对科学进行绝对论证，但首先不应当将它的可能性预设为在先的判决。我们只需进入到这些科学的活动之中并由此而获取科学所追求的科学性之理想便够了。根据科学的意图，凡是没有得到完全明见论证的东西，也就是说，凡是没有通过向事实和事实状态本身的回溯而在原初的经验和明察中得到充分验明的东西，都不应当被看作是现实科学的。（Hua I，56）

这种方式在笛卡尔那里通常被标志为“怀疑”，胡塞尔对“自我”重新考察的第一步也是一种普遍而彻底的怀疑。但胡塞尔强调，我们需要的不是怀疑，而是悬搁。悬搁要求的是使得所有的设定都不起作用，或者普遍失效。胡塞尔并不像笛卡尔那样，通过怀疑把外部世界全部否定，他所持有的是一种中立的态度。根据胡塞尔本人对悬搁的描述，我们看到，他所悬搁的乃是不加反思的朴素信仰。在此意义上，悬搁不等于对外在世界的全盘否定。胡塞尔强调，预设我之外的外部世界存在是素朴性的常识，所以，悬搁的正确的态度就是既不肯定也不否定外部世界的存在，而是将这种存在性加上括号，悬置其存在意义。通过对客观世界的现象学悬搁，世界对我来说就变成了单纯的存在现象，而我则获得了关于世界的纯粹体验。悬搁掉经验世界的存在性，使我获得了关于世界现象的无限领域，世界并没有像笛卡尔的普遍怀疑那样为我所排除掉，世界依然一如既往地向我们呈现着，在悬搁中我们并没有失去什么，除了对世界实存的朴素信仰。就这样，通过悬搁，我打开了一个无限的现象视域，在这个视域里，所有的现象都是为我呈现的。胡塞尔说：

> 通过现象学悬搁，我把作为自然人类的我和我的心灵活动——我的心理学的自身经验的领域，还原为超越论现象学的自我，即超越论现象学的自身经验的领域。（Hua I，65）

除了对客观世界进行还原之外，还要对之前被给予的世界之各种见解加以悬搁，其中包括各种科学的见解，之后我才得到了纯粹的我思活动之流——纯粹意识本身，和"伴随着我的纯粹我思活动之流的纯粹自我的我自身"（Hua I，65）——超越论自我。

笛卡尔的精神为什么对胡塞尔那么重要？最值得一提的是，笛卡尔的沉思，并不是笛卡尔个人的事情而已，"而是想成为任何一个新开始的哲学家都必然要做的沉思的范例。"（Hua I，4）意思就是说值得任何从事哲学思考的人效法。胡塞尔之所以把他的书命名为《笛卡尔式的沉思》，不是没有原因的。他要像笛卡尔一样，去做同一件事情，而这件事情不是只有笛卡尔或胡塞尔可以做，而是任何从事哲学思考的人，甚至于只是学习哲学这门学问的人，都是值得做的一件事情。笛卡尔为所有人树立一个典范，胡塞尔非常肯定这件事情。

对胡塞尔来说，笛卡尔"完成了一种向哲思着的本我的回溯"。借此"他发现了自己为唯一绝然确定之存在者的本我。"（Hua I，4）所谓"绝然确定"就是不能再被怀疑的意思；相对来说，"世界的此在"则无法保证不受到任何怀疑。我们要把世界的存在当作是不可怀疑的对象是有困难的。于此情况下，世界的存在可以被判为无效。笛卡尔开启了一门全新的哲学，将眼光重新放在主体之上。胡塞尔指出笛卡尔做了彻底的转向，从素朴的客体转向主体，笛卡尔的转向有很深刻的含意在，所以胡塞尔问：

> 这里面不正承载着一种永恒的意义吗？它对于我们来说不正是一项伟大的、由历史本身赋予我们的、召唤着我们所有人去从事的任务吗？（Hua I，5）

为了面对当前的哲学分崩离析的情况，胡塞尔主张应当把笛卡尔的精神召唤回来，他认为这才是一条正确的道路：那条导向超越论现象学的途径。胡塞尔在此还提出明见性（Evidenz）的概念。

明见性是关于对象跟它自身的各种事态之经验。究竟这个对象或者它的事态，自身能不能“显现”？自身有没有在意识中显现？它究竟有没有对我们显现？毫无遮蔽或隐藏？一切都是摊在我们眼前，我们对它有真实的掌握，而不只是道听途说。如果没有明见性的话，真理便好像被掩盖起来。判断事物真假时，往往得依靠明见性来判断。当我们说一个判断没办法显示真理的时候，它就是错误的。我们对它做了无数多的说明（谓词），这些说明通通是不充足的，这个时候我们说，对这个对象的认识是有问题的，我们就要纠正它，重新下判断。这是胡塞尔在他的早期著作《逻辑研究》(1900 年出版）中的见解。明见性是他在这本书里面提到许多重要的概念之一，在提出明见性之前，他提出意向性的概念。因为明见性跟真理有关，他整个讨论的重要意义在于：如果所有的科学都在追求真理的话，那究竟什么是真理？为了说明真理的问题，他首先从意向性的概念入手。但在《笛卡尔式的沉思》里他却先讨论明见性，再回头讨论意向性，和在早期的《逻辑研究》顺序不同。这是值得注意的。意向性的概念到了晚期已经被拿来当作说明超越论的观念论的重要依据。如此一来，这个概念的涵义跟他在早期《逻辑研究》里所表达的意思比较起来就显得扩大许多，不再只是单纯作为意识的一种根本特质：意识就是意识着某物。而是变成超越论的结构，变成我们能够经验到任何事物的根本的先验结构。〔1〕

狭义言之，所有的明见性都是一种意识体验，但不是所有的意识体验都具有明见性。感官经验（空间对象的感知经验）永远是不完备不相即。完备或不完备首先是针对外感知经验来说的，论及外感知经验时，胡塞尔指出，不

〔1〕 先验与超越论都是对于德文字 transzendental 的翻译，为何采用两个语词来翻译同一个字，下文解释。

可避免的是，由于是空间的对象，我们对它的掌握永远都是片面的，不可能一眼就把一个东西看完。既然我们一定是靠着片面的方式接近一个对象，所以再怎么做也没办法去完备它。只有在理想情况之下，才可能达到完备的状态，胡塞尔称之为相即的明见性（adäquate Evidenz）。（Hua I，55）相对地，在一种跟我们感知经验就无关的知识体系里，比如数学、逻辑这一类的知识，我们就可以直接达到一个完备的状态，拥有属于自身类型的明见性。所以完备的明见性主要用在逻辑、数学的知识上面。若用在跟空间对象有关的那一种经验，也就是外感知经验的话，则本质上就是不完备的情况。胡塞尔说：

> 习惯上就这些明见性而言，不完备就意味着不完全、片面性。同时也意味着对实事或事态的自身被给予性模糊不清。就是说，这种经验还带有前意见（Vormeinungen）和加意见（Mitmeinungen）的未被充实的因素。（Hua I，55）

所谓"模糊不清的事态描述"就是指未得到充实的意思。所有的科学都在追求真理，首先透过陈述句或命题提出假设。如果该命题得到证实，便被肯定为真。胡塞尔用

“具有明见性与否”来说明证实的含意。缺乏明见性的判断语句既然无法得到充实，便不能被称为真。胡塞尔说：

> 明见性是对某个存在者、对应然的存在者的经验。确切地说，是一种它自身在精神上的看出。（Hua I，52）

相即是很高标准的明见性，不必再有更多的充实，它只能是追求的目标，但这个观念又无所不在，在我每一次的感知经验里一再发挥作用。现在的问题是，在我们平常的经验里面，我们把这个观念看成好像是已经被实现了那般，然而这是错误的。平常我们把明见性给遗忘了，误以为自己完全掌握了它，这个掌握可能犯错。真正的完备是怎么样？我们只能说我们要求它，但没办法真正掌握它，只要跟空间的事物、感官的经验有关免不了就是这个样子，但数学、逻辑就没有这个问题。胡塞尔讲那么多关于明见性的说法，最终就是想带出有一个绝然不可怀疑的基础。这一点在《逻辑研究》是没有的，因为在《逻辑研究》没有谈到先验的超越论现象学，这是胡塞尔到了《观念》第一卷（1913）才出现的。到《笛卡尔式的沉思》(1929）的时候，他把它讲得更绝对，意思是，他的所作所为跟他对笛卡尔的阅读是有关系的，他是效仿笛卡尔去做同样的事情。胡塞尔强调所谓世界存在的实事是可以被放入怀疑的框架底下的，既然是这样，则与它相关的明见性，不也就同样可以被放入怀疑的框架下。但是不是有比一般的明见性还更加确然的明见性？关于确然的明证性，胡塞尔做了如下的说明：

> 虽然这种完备性的观念也经常引导着科学家有目的的工作，但是，对于他来说，另一种（正如我们前面所说的通过自己亲自深入而把握到的那种）新的明见完备性具有更高的品格，即确然性的品格。这种确然性甚至有可能出现在不妥当的明见性中。在一个完全确定而独特的意义上说，这正是科学家所要求的那种一切原则都应具备的绝对无可置疑性。同时，科学家力图通过回到这些原则，并在更高程度上为这些本身已经清楚明白的基础再次进行奠基，由此使他们获得确然性的最高品格。正是这种努力，展示出那种绝对无可置疑性的更大价值。确然性的根本特征可以这样来描述：任何明见性都是对某个存在者或者应然存在者的自身把握。就是说，在这种存在中“自己本身”完全确定的把握，没有任何可疑之处。（Hua I，55—56）

继而指出：

> 确然明见性不仅仅是在其中清楚明白的实事或事态的绝对的存在确定性，而且，通过批判的反省，同时也表明本身决不可想象又是不存在。因此，确然明见性预先就可以设想它肯定是具有对象的。在那里，那种批判反省的明见性，也就是不可能设想其不存在的清楚明白的存在确定性，再次从这种确然的品格中得以表明。每次更高程度上的批判反省，都显示出这种明见性。我们现在来回顾一下笛卡尔建造真正科学的原则——绝对无可置疑的原则。依靠这个原则，任何可设想的、本身事实上没有根据的怀疑都应该加以排除。（Hua I：56）

胡塞尔对于绝对无可置疑的要求跟笛卡尔是一致的。虽然笛卡尔没有提出明见性概念，不过他要求的东西用确然明见性来说明应该是恰当的。一般的明见性都还有被怀疑的可能，可是这个确然的明见性就绝对经得起考验。确然不等于完备，再怎么完备也不可能是确然的。上述在说明确然性的品格时，这种确然性会出现在不妥当的明见性当中，也就是在不完备的明见性中，也可能出现这种确然性。例如我们就算犯错还是可以确认自己的犯错。或者，我们在还没有知道自己犯错之前，我们可以怀疑自己犯了错。正好在这种怀疑当中，我们得到确然的明见性。或者是对它可以加以绝对的肯定。

对世界存在的信念妨碍了我们对确然明见性的追求。若把世界的存在性视为优先的，不免也会把我们自己看作世界的块片，每一个自我若被看作全球人口七十亿中的一分子，便是七十亿分之一的小块片、小尘埃或胡塞尔说的小末梢（Endchen）。胡塞尔不能赞成用这种方式去看自我。他说，“我所获得的我不是世界的一个块片”，“而是这样一个自我（Ich），正是在这样的意识生活中……”（Hua I，8）。有另外一个自我，这个自我有意识生活，在意识生活中世界可以作两种解释。一个是一般涵义的世界，另一个则是把自己也包含进去的世界。如果我是世界的一分子，我便在世界之中被世界包含进去。但胡塞尔说，自我不仅仅只是这样，若以悬置的概念来解释，所悬置的对象包含在世界中的那个自我。这时的自我既是作为尘埃的自我，同时也是看到自己是尘埃的那个自我。那个尘埃只有透过悬置的动作，才能被看得清楚。尘埃自我事实上是被自己所界定的，而后面这个自己乃是能够从事超越思考的人，“超越思考”即是胡塞尔所说的“悬搁”或“悬置”，透过这种方法手段才看得清自己是什么。胡塞尔要讲的道理是，一方面它是块片，但又不只是块片，作为不是块片的自我，它在意识生活中存在。这个自我必须在哲学的思考当中作为沉思者被确立。胡塞尔认为笛卡尔在这一点上面提供给我们很好的典范，值得效法学习。〔1〕

胡塞尔将超越论自我与“世界的小末梢”做了对比。“世界的小末梢”意味着什么？胡塞尔说：“……即我们在我们绝然纯粹的本我中拯救了一个世界的小末梢（Endchen）……”（Hua I，9），纯粹的本我就是在从事哲思的自我，它“是世界中惟一不受探问的东西”（Hua I，9），如果没有经过哲学的思考或沉思它不会显现。世界是超越的（transcendent），我们每个人作为世界中的小末梢只是全球人口七十亿分之一，真是微不足道。世界中的小末梢是用来比喻活在世界中的自我，那些被自我所界定的都是在世界中的自我，后来体会到有纯粹的自我。纯粹自我乃是

〔1〕虽然胡塞尔在这个问题上继承笛卡尔的遗产，忠实于笛卡尔的精神，但没有接受笛卡尔二元论的思想，而是展现出一个新的想法——现象学，与笛卡尔所开启的心物问题没有直接关连。换言之，胡塞尔只是部分继承笛卡尔的遗产，在许多方面则与笛卡尔分道扬镳。笛卡尔的致命伤还包括他很快地就把本我给实体化，把它称为思维的实体。实体是亚里士多德的概念，意味自我满足的一个个体，自我满足就是不以其他之物为原因而是以自己作为存在原因。所谓思维实体，在亚里士多德的系统当中，既能够思维又能够作为实体的，只有上帝。人与上帝相类似的地方，就是人有这种能力，所以笛卡尔也曾以此为基础去论证上帝的存在。

透过悬搁（epoché）和还原的手段所得到的。关于在世间中的自我还原到纯粹的自我这点，胡塞尔说：

> 借助于现象学的悬搁，自然的、人的自我，也就是我的自我，便还原为超越论的自我，这样，现象学还原的说法便得以自明。（Hua I，10）

还原就是一个“从……到……”的过程，还原到纯粹的自我之后，自己的世界就开启了全新的面向。这里的超越论有超离的意思，“离”意味着离开世间人的自我，“超”就是向上／提升至超离的层次。

一旦我们发现、肯定或体认纯粹的自我，作为一个超离的自我的时候，接下来我们要做什么？胡塞尔提到两点，他提到所谓的“先行”，这种先行意指它是所有的客观认识得以形成的根据和基地。胡塞尔认为，他确认了超越论／超离的自我之后，把它当作所有的其他的知识的基础和基地。既然是依据和基地，它就是优先的，这种优先被胡塞尔称为“先行”。此外他提醒我们，不要重复过去形上学所犯下的错误，就是说并非得到了超越论的纯粹的自我之后，就可以从这里导出所有其他的知识。他在此影射笛卡尔从我思，所谓的心灵实体，一步一步地把所有各种知识都推出来，在这种意义底下的自我学是其他学问的基础。这是一种解释的可能性，但这种可能性在胡塞尔看来是一种诱惑，等于是传统形上学的思路，是错误的一条路。传统形上学的错误在笛卡尔这里特别明显。胡塞尔说对纯粹自我的肯定不代表非得走上传统的形上学之路不可，而是有其他事情可做。

他把它称为“超越论的经验领域”，亦即，离开当下的经验。因为现象学的经验基本上是一个反思的经验，反思的经验和原来的经验是有距离的，一个距离产生出来，造就超越论领域。这里揭示了一种超离的经验认识的可能性，它造就了一门超离的科学。在此“科学”基本上指的是一种关于知识的或思考的探索，科学是广义的意思，一种思想性的探索，打开了一个新的领域，即超越论的领域，造就一门新的科学。这门科学首先是自我学，是一种超越论的现象学。超越论的现象学除了作为自我学之外，另外还有一个交互主体的现象学。这是胡塞尔要走的新路，他不要走形上学的老路。

超越论的现象学就其完整性来讲包含两个部分，一个是自我学，另外一个则是所谓的超越论交互主体性的现象学。后一部分主要在《笛卡尔式的沉思》的第五沉思处理，让我们先关注自我学的部分。自我往往被理解为所谓的“唯独的自己”，正面来讲它是先行于世界的自我。它被确立之后接着超越论现象学就被建立起来了。

超越论经验领域与世界生活之间的关系是什么？超越论自我是对世间人自我的脱离？或仍然与后者保持联系？

胡塞尔说：“作为自然态度中的人，即在进行悬搁之前的人，我素朴地生活在世界之中”（Hua I，15）。在“世界生活”状态中的一个自我素朴地生活在世界之中，我的意识和整个经验活动都是朝向对象而去的，特别是朝向我所感兴趣的那些事情。完全忽略掉自我的参与，可以说浑然忘我，忘了自我是参与这些事情的一分子。在这种世界生活当中，自我经验对象事物的方式是模糊的。[1]过去的我专注于世界的事物，而未曾专注在我自己的经验生命之上，透过悬搁我对我所经历的生命有所知晓，为此胡塞尔强调自然态度的自我也是超越论的。虽然对于这一点我一无所知，但只要我操作了悬搁便明白这是怎么回事。（Hua I，15）现象学的悬搁不仅使得自己对于自己的存在有比较清楚的认识，此外可以进一步对于自我有更多的了解认识。对此他说：“我不仅想确定本我思维绝然地先行于世

〔1〕 当胡塞尔说进入开放的无限超越论经验领域之时，便提到“不满足于模糊的本我思维”这样的情况。在世界生活当中存在的自我，所进行的思考活动或本我思维都是模糊的。

界的为我存在，而且还想完整全面地了解作为本我的我的具体存在”（Hua I，15）。“具体性”意指本我并不是空洞的框架而已，而是有它的内涵，也就是说它有它的一些生活，有一些能力，这些都是有具体内容的。这样的领域需要被展开，被构造成一门学问，成为一个可以被系统探究的工作领域。

以上所言分两个重点。一个是他确定了本我思维具有一种优先性，先于世界的存在，这个世界的存在方式是为我而存在，另一方面，他进一步解释这个自我的具体存在是怎么回事，该情况乃是“同时看到，作为自然进入到世界之中并生活于其中的人，我的存在就在于一种特别的超越论生活，我在其中以素朴信仰的方式进行体验，继续实施着我的素朴地获得的世界信念，如此等等。”（Hua I，15）获得超越论的本我之后，接下来就是回头看具体的本我是如何在世界生活中展开。他说：“现象学的态度连同其悬搁，也就是说在现象学的态度中进行悬搁的动作”，等于完成了这样一件事情，就是我获得可设想的最终经验立足点或认识的立足点，在这立足点上我变成了一个旁观者，以旁观者的身份去看我的自我，还有自我的种种生活。所以胡塞尔透过现象学的悬搁之后首先确立了这样一个自我或本我的存在，接下来则是在旁观看，这个自我及其生活，这是他要做的第二件事情。换句话说，这个超越论自我不仅仅是被确立的而已，确立之后他要做这样一件工作，把世界生活和超越论的自我紧密地联系起来。这一点与他以往说明超越论的自我和世界生活之间的断裂关系，透过这个断裂以便确立了超越论的自我大相径庭。

当我们肯定或发现纯粹自我之后，原来的世界生活是不是从此就与我们脱离关系？这是一个大问题，我认为胡塞尔的论述在这方面有一些摇摆，说得不清楚。主要关键在于超越论现象学的定位有一点移动，一是还原之后来到一个纯粹意识的领域，胡塞尔在《观念》第一卷（1913）常出现的论调就是还原后的纯粹意识有如汪洋大海，所有对象都必须在这里作为现象显现出来。现象如何显现就是构造的问题，就会走上观念论的路线，所有的一切都是观念的构造。这便是前述“与世界脱离关系”的论调。这种说法有很多令人困惑的地方，也是很多人之所以不认同胡塞尔的地方，因为那种说法最终难以摆脱独我论的色彩。

胡塞尔一方面把自己的超越论现象学说成这样的，可是另一方面他却一再强调“经验乃是世界之物的经验”。胡塞尔不断使用“平行”的说法来解释，就是超越论的自我也仍具有对世界之物的经验，平行于自然自我对世界之物的经验。[1]

有些人认同前面的构造论的想法，有些人则支持后面与世界生活密切相关的想法。胡塞尔究竟要给我们什么样的讯息？应该仔细考察。从后者来看，纯粹自我被确立之后，接下来要做的工作并非便与这个世界脱离了关系，而是世界生活中的一切都还被保留下来。毕竟人们没办法脱离它，脱离不了，就像认识到自己的烦恼，并不意味着从此就没有烦恼，这烦恼仍会继续纠缠着我，继续让我不舒服、不愉快，我仍必须忍受它。[2]就此脉络而言，这个被确立的超越论自我乃是作为世界生活的观看者，我们的意识总还是对世界之物的意识，原来的经验都被保留了，或者可以说是对世界生活的一种省思或反思。

---

〔1〕德里达在1967年便点出来，平行这件事情是胡塞尔现象学中的一个谜，有其说不清楚的地方。德里达在这里对胡塞尔现象学有深入的解读也明确地直指他的要害，他问什么叫做平行？为什么可以这么的直截了当的说“经验乃是世界之物的经验”？（参考本书第九章）

〔2〕胡塞尔并不认为确立了自我之后，所有的问题都跟着解决了。胡塞尔所做的一个工作，反而是从这个时候开始，我们对于自我有一个全新的认识，我们要对这个自我进行一种科学式的探讨，胡塞尔说一个全新的科学由此产生，他把它称为自我学（Egologie）。借由这个自我学，超越论的经验场域得以展开。

胡塞尔在超越论经验领域与世界生活两者的关系上似乎游移不定，有时候会偏重超越论自我，有时候则又偏重世界生活的自我。两种经验领域或两种自我一方面是断裂的关系，另一方面却又被视为密不可分。不同的偏重导致两种不同类型的超越论现象学。但胡塞尔自己仿佛不以为意。偏重超越论自我会形成以构造概念为主的超越论现象学；偏重世界生活者则形成偏向重视世界生活的超越论现象学，后者的关注点在于世界生活，构造现象学则是强调超越论自我所扮演的角色，世界环绕着它才得以展现其意义。胡塞尔不论是在1907年的《现象学的观念》讲座，或1913年的《观念》第一卷，都十分重视这个超越论自我，重视构造的问题。这部分的内容在《笛卡尔式的沉思》这本书当中也提到很多，但胡塞尔在《笛卡尔式的沉思》里面关于世界生活面向的论述也不少，所以这两个部分在这本书之中是并行的。现在的问题是，这两种不同类型的超越论现象学如何融合在一起？意思是，如果看重世界生活的话，那自我的重要性就会降低一些，这时超越论自我主要是扮演功能性的角色。可是如果基于构造现象学而强调超越论自我的话，则这种超越论自我便是有一种强烈的本体论意涵，意思是，具有存在论上绝对的优先性。后面这种现象学所开展出来的型态是人们比较熟悉的胡塞尔。另一种胡塞尔人们也不陌生，但相较之下显得比较次要。在《笛卡尔式的沉思》文本里，他若无其事地把二者放在一起，让世界生活扮演一个相当重要的角色。

胡塞尔说："即使作为自然生活的自我，我也曾是超越论的"（Hua I，15），这里用了过去式来说明世界生活的自我也是超越论的。如果一个人都一直生活得很自然，没有太多的反思，用一种素朴的方式活在世界上，则我们可以问，为何他过去曾经是超越论的？"过去"指的是什么时候？是出生前还是年纪很小的时候，这该如何被界定？实在很耐人寻味。接下来胡塞尔都是使用过去式"我曾是超越论的，但我对此一无所知。"（Hua I，15）这里所要表达的是，一方面我曾经是超越论的，但是过去我一点都不知道，现在知道了，透过现象学的还原，透过悬搁，我把这个自我找回来。在成为旁观者之前，那个活在世界中的自我总是眼睛往外看，这是很自然的，虽然有时会回想自己的经验，在回忆的经验中捕捉一些所谓的内在经验，但那一种内在经验基本上也是处在自然的状态底下去进行的。如果我们不经意地想起某些事情，这种回忆不是我刻意去做的，是油然而生的，或者是我们遇到某些事情产生了某些情绪，对于这些自然爆发的情绪我们可以有所察觉，因为这些情绪会影响我们，导致我们处在某种状态底下。反思则是刻意地拦住它，让自己处在比较清醒的状态，让自己去面对曾经有过的经验，把这些经验当作被反思的对象。有反思才有现象学，这种反思如果进行的比较严格细腻一点的话，就会变成现象学的还原。现象学的经验预设超离〔1〕的动作，那才是真正的反思，是胡塞尔严格意义下的哲学性反思。总之，哲学性的反思跟一般的世界生活中的反思之间有很大的差别。

回到先前所提出来的问题，亦即作为一个世界生活中的人和作为一个做了超离的动作，亦即现象学悬搁、还原之后的自我，两个不同的自我之间到底是什么关系？前面说过，胡塞尔主张，就算人们抱持着素朴的自然态度活在世界上，也不是与超越论的自我没有任何关系。胡塞尔在此用了过去式的“曾经”，我认为不必把它理解成每一个人在过去某一个特定的时间点上，而是把它看成一种可能性，这个可能性是可以被开发的，一旦它被开发出来以后，我就能够去确立这样的一个自我，能够从事哲学沉思的工作。在这样的情况下，便可以回过头来对我原来的世

〔1〕 为了强调脱离自然的世界生活状态，有时我将 transzendental 直接翻译成“超离”。换言之，transzendental 将视脉络所需被翻译为“超越论”，“超离”或“先验”。

界生活进行观看、察看、观想和省思的动作。这两种自我并不是离开世界生活之后才出现。虽然多少也带有脱离的意思，但这种脱离并不意味前面这个自我从此就消失不见了。正如胡塞尔说："产生一种自我的分裂"，也就是说"超越论的旁观者置身于自己本身之上"后面这个自己所指的就是在世界中生活的自我，接着他说："自然的人具有一种在素朴的绝对性中存在着的世界和世界科学，那么，意识到自己是超越论的自我的超越论旁观者所具有的世界便是仅仅作为现象"（Hua I，16），这句话说明了从世界生活发展到超越论的层次。当这个世界变成现象的时候，这个世界的生活所具有的优先性就消失了。这是他在整个论述中常常出现的一种转移，例如他说，"现象学的态度连同其悬搁也就在于：我获得可设想的最终经验立足点和认识立足点，我在这个立足点上成为对我的自然——世界自我和自我——生活的不参与的旁观者"（Hua I，15）。

胡塞尔指出："这个自我和自我生活只是我的被揭示的超越论的生活的一个特殊部分或一个特殊层次。"此句的前一自我，从脉络来看是在世界中生活的自我，以及在其中展开的那种生活，它是"超越论生活的一个部分或特殊层次"。为何如此？德文 besondere 可以译成"特定的”“特别的”或“个别的”。有一点接近全体和个别的情况。现在胡塞尔将超越论自我和在世界中生活的自我用不同名称来加以指涉，以超越论自我为大整体，世界生活只是它其中的部分或层次。在现实中存在的自我与具有无限开放可能性的超越论经验，二者之间的关系该如何被看待？或接下来可以带出一些什么特殊涵义？胡塞尔在《观念》第一卷中提到，从部分走向整体是“自由”的表现（Hua III/1，122）。假如认为人完全没有这种自由的话，借用萨特的话就是“自我欺骗”，就是社会学所说的“物化”，自我把自己变成像一块石头。萨特有很多想法受到胡塞尔的启发，意思是说自由的存在是一个优先的事实，在这超越论的大背景之下自我才能看出自己当下的真实情况，所以这两个自我之间的关系是一个很值得深思的问题。

胡塞尔特别强调这个世界中的小小自我被揭示为超越论生活的一个特殊的、特定的部分或特殊、特定层次，我认为他要表达的是，人有义务要向这个无限场域开放。就算只是一个平凡的人，也不能说他永远是这样平凡的存在。先前提到的，他“曾经”作为超越论的自我，这个“曾经”不必然要被理解为在某一个时间点上真的完成过这样一个工作或实现了这样一个情况，而是在理性上要去承认它的存在。

在我看来，超越论的现象学最有价值的地方在于它涉及普遍性（universal）的问题。作为一个在世界中的存在它有很多的具体的习性，背后也难免有一些惰性，惰性把我们往世界带过去，这里面就有一点沉沦的味道，如同海德格尔讲的日常生活中的人沉沦在这世界之中。一旦我们意识到这一点，我们可以把自己往上提升，胡塞尔在讲还原的时候把在世界中的自我往上提升到超越论的自我，从下位的自我转变到上位的自我。这个被提升后的超越论自我与普遍性有什么关系？谈普遍性，不能不以自我提升为必要的条件，意思是，如果要讨论普遍性或宣称普遍性的话，若不预设这样的提升过程，则难以满足普遍性的要求。停留在素朴自然的世界生活里的个别自我是没有普遍性可言的，只有把它放下，甚至于抛弃，才可能宣称所要求的——无论是知识上或价值上的要求——具有普遍性。

胡塞尔说："本我具有一个完全确定地从属于他的普全结构，这个结构不断前行的对象编目是超越的。"（Hua I, 25）超越论的意义就是本我具有结构性，它是不断地向前推进。在推进当中构造对象，从意识的角度来说，对象是被构造出来的。可是这个对象的同一性却反过来对本我的意识起了引导的作用，仿佛将它给规律化了。在这个意义下，胡塞尔说这是它的普全结构。凡是理性的存在，有正常心理的人，也就是具有反思能力的人无不具有这种结构。现象学以意识对象为主题，总是要回到意识活动去加以探究，弄清楚意识活动与意识对象之间如何相互关联。本我的意识结构和构造对象之间的关系基本上就是超越论的关系。胡塞尔说："这意味着：从这个对象的同一性的观点出发来考察本我的普全性，就是说，去探问现实的和可能的意识体验的系统大全"（Hua I，25），这又是从对象的角度回头看意识。胡塞尔不是从对象看回意识就是从意识看回对象，我们讲结构的时候是针对意识结构来讲，但若把相关性本身看成是结构的话，为什么不可以说这就是一个意向性的结构，对这个意向性有所掌握所做的一个说明工作就是意向性分析。

意向性就是在说明所谓的本我思维（ego cogito），它带有这样一个环节，就是"每一个我思都在自身中拥有作为被意指之物的被思者（cogitatum）"（Hua I，13），所以 cogito 和 cogitatum 的关系就明确化了。意向性作为意识的本质特性就是在于它有所谓的思维／我思（cogito）和被思／所思（cogitatum），即意识和对象之间是一体两面的关系。悬搁虽然把自我从一个状态提升到另一个状态，但如果就对象物来看的话，它并没有因为这样的提升就被改变了或受到影响。“经验仍然是对世界之物的经验”（Hua I，13），他用这种方式来解释所谓的意向性。胡塞尔说：

> 所有的世界之物，所有的空间—时间的存在对我来说存在着，这是因为我经验它们、感知它们、回忆它们、思考它们、判断它们、评价它们、欲求它们等等。众所周知，笛卡尔将所有这些都冠之以“我思”（cogito）的标题。世界对我来说无非就是在这些思维（cogitationes）中被意识到存在着的、并对我有效的世界。（Hua I，8）

为此，意识与存在，或存在与意识，二者不可须臾分离的情况已经得到确定。笛卡尔以来的迷思，认为“我在思考”的活动可以不必指涉、关联任何一个对象。例如仅指明“我在想”这件事，却不必说我在想什么。胡塞尔现象学明确地说，所有的思考（思考活动）都一定有关联的对象（思考对象）。意向性的本意乃是意识就是意识的某物，意识活动与意识对象是一体两面的。这是笛卡尔未能把握的。

被意识的对象，即被思者（noema）具有同一性，而意识活动则是意识的河流，本质上是杂多的情况。例如，看到一个六面体的骰子，我们每次看它都有不一样的变化，本质上就是杂多的情况。杂多不是说被看到的当下是杂多，而是把各个不同的当下放在一起来看的时候，便发现组合起来的情况是杂多的。每次看骰子是 1 或 2 或 3 或 4 或 5 或 6，有六个数字，在这六个数字里我们看不到它的同一性。但是我们在六个数字里面不管看到的是哪一个面，都看到了同一个骰子，看到同一个六面体，在这个意义下说它具有同一性。面对这个同一性和杂多之间的关系，有一种说法是从这个地方开始把每一个各别呈现的面都当作一个点，基于这样的点我们把它串起来，胡塞尔说这样的说法是近代，特别是经验主义所提出来的。在胡塞尔看来，这个想法是错的，原因就在于它没有明白意识本身具有意向性的作用，这意向性使得意识能够在各个杂多里看到内在的关连性，这个内在的关连性带有综合的概念，任何意识活动都不可能是单独孤立地存在。在一个个别意识的基础上再彼此互相结合的这个说法本身是有问题的，因为意识流本身是无法被切割的。所以，六面体的六个面彼此之间都被某个东西给穿透了，彼此之间存在着内在的联系，这种联系最主要是依据意向性所产生的。

为了更清楚说明意识活动的特性，胡塞尔倒过来说，我们从一个对象的角度出发，从它的同一性出发回头去看我们的意识具有什么样的特质。胡塞尔反反复复地说明，对象的同一性特质可以让我们回头去看意识的特质，在这个情况下可否说它具有优先性？好比在客观世界里先存在了某个对象或某个类型的对象，然后我们才回头去肯定，在我们的意识这部分具有什么样的结构。正是在这样的情况下，我们可以说他做了类似于康德的工作，亦即，如果我们在我们的现实经验里有过对于对象的同一性的掌握的话，那用康德的语言来表达，究竟这“掌握”是如何可能的？而“如何可能”的答案，康德会让我们回到主体去找它的先验条件。胡塞尔则是回头去找意识的结构。他认为后者（意识结构）可以回头说明前者（意识对象）。说明完之后，人们就可以更明确地知道这个东西如何可能。在说明这两者之间是互相依赖的情况之下，这就是胡塞尔要说的 transcendental 的其中一个涵义。“先验”跟现象学的还原里面所提到的“超离”动作同样重要。胡塞尔的超越论现象学的超越论包含“超离”和“先验”两个含义，二者相得益彰，都同样重要。前者事关现象学还原，后面则与康德的先验哲学思想息息相关。换句话说，我们对于任何对象的经验，都不是简单的事情，对象之为对象，不可能在脱离意识的情况下得到说明。反过来，这一部分的意识结构也不可能在完全没有对象作为意识对象的情况之下获得充分的说明，甚至于可以说光是只有意识结构这一部分是没有意义的。在此情况下胡塞尔说任何具有同一性的对象都是具引导作用的“线索”或“先验主线”（transcendentaler Leitfaden）。这个具引导作用的线索可说是启蒙的开始。此一“开始”所指的无非是，我们作为一个平常的人活在世界上，我们不断经验到各种各样不同的对象物。基于这样的基础，他开始去追问背后需要什么样的结构性意识，使得这样的经验之为可能，这便是先验的意思。康德的先验涵义意味着我们的经验，无论如何琐碎、微不足道，其背后都有着庞大的系统或结构在支撑它。也就是说，再怎么样简单不过的事，背后都是很复杂的。胡塞尔试图透过他的现象学说清楚这个复杂的结构。（Hua I，21）

胡塞尔一再强调超越论本我（transzendentaler Ego）的重要性，这个重要性并没有取得很多现象学家的认同。这个本我对他来讲等于是各种意识活动最后的归宿，但是我们必须强调，这个本我不能被看成是静止不动的、与意识流动脱离关系的本我，倘若如此就变成是形上学的概念。

本我与种种的意识活动密不可分，是一体两面。胡塞尔说："本我的自为自身存在是在不断的自身构造中的存在"（Hua I，26）所以它是不断地自身构造，等于有时间意识的含义在里面。这种自身构造是所有那些超越的构造，在此"超越"的意思就是针对一般被思的对象而说的，在作为具有同一性的情况下它被视为超越的，这种超越再往后延伸就是世界。这里说的都是一般被感知的对象，例如桌子、椅子、大地等等，但如果遇到对象是一个人的时候该怎么办，人是什么样的对象？胡塞尔主张用间接的意向性来加以说明。出现在我们眼前的是具有意识存在的另一个人，一个非我的人，就是他人。这个他人，在胡塞尔看来最能够表现出超越的特性，也就是说除了一般的存在物，比如说菠萝、杯子、茶等等之外，如果出现在我们眼前的是他人，则他对我来说就是超越的。意识总是保存了一些我们没有办法完全穿透的部分，特别是另外一个人表现出他的意志力的时候。当他在抵抗我的时候，我更感觉到他是超越的。这代表他人不是可以完全放到自己的意识结构去，当然我们要说明一般对象时有必要透过这个结构，但在面对他人的时候却好像遇到了瓶颈。他人的问题不可避免地会牵涉他人意识的问题，这个问题最棘手，从现象学的角度来看也是最难处理的。因为我们透过反思对自己的意识有最实质的掌握，但这种具有明见性的掌握用来面对他人意识的时候就显得束手无策，往往只能透过间接的意向性作为间接的手段去达到目的，而这个目的是否能够实现往往又是无法被担保的。（Hua I，26）

总之，胡塞尔在超越论现象学中所做的工作不仅仅在于指出自我我思是先行于世界，更要阐明我的具体存在是怎么回事。在胡塞尔看来，我的世界生活总是存在着一种特殊的超越论状态。我对这个情况只有透过悬搁才能明白。换句话说，并不是超越论的自我走入世界中，而是反过来，世界生活表现出特殊的超越论生活，也就是每个个别的世间人会以他自己的特殊方式表现出具有超越论特性的生活。其次，悬搁带来两方面的效应，一方面是我获得了先行于世界生活的自我，也就是超越论的自我；另一方面则是透过对自身世界生活的考察而获得了关于我自身的世界生活的知识。这两方面的效应引发了超越论经验领域与世界生活之间的关系，或超越论自我与世间生活自我之间关系究竟为何的疑难。超越论自我乃是借由脱离或超离世界生活而被肯定，由此展开以构造概念为主的超越论现象学。然而另一方面胡塞尔又强调世界生活是超越论生活考察的对象，在此，超越论的涵义主要是超越论的观照或观想（Zuschauen），考察自身如何在世界中进行各项活动，拥有各式各样的意识活动。就此而言，未尝不可以说，进行超越论观照的自我乃是构成世界生活的。但后一种类型的超越论现象学所强调的毕竟是世界生活如何被关照，而不再是如何被超越论自我构造的问题。此一型态的超越论现象学本身存在着悖谬（吊诡）的情况，它一方面脱离世界，另一方面又不脱离世界，与胡塞尔所说的现象学心理学十分相近。

四、现象学心理学及其还原

与超越论现象学有所不同，现象学心理学就是研究在世界中的一般人的心理现象本质的一门学问。当现象学心理学家去描述他们对事情的看法时，不仅是针对某个个别的人而已，而是也可以针对一群人。一群人在特定范围内往往有一定程度心理上的稳定性，现象学心理学正是试图理解这群人的意识活动的本质部分，去探讨他们心理的意识内容，而不是哲学家孤独的意识状态，所以现象学心理学所研究的是在世界中的心理，而非超越世界的心理。换个方式说，前者是活在世界中与世界有所交涉，甚至相互交融的主体，而非与世界无所交涉的超越论主体。但这两种主体同样都具有意向性的结构，即经验（意识活动）与被经验的意识对象之间的对应关连性。这一点稍后再行说明。下面先针对心理学的涵义做一些澄清。

当胡塞尔使用“心理学”这个概念的时候，有些时候指的是他自己要批判的那种心理学，有时候则意味他自己倡导的现象学心理学。前一种类型的心理学，基本上就是指他那个时代所发展出来，却广为流行的实验心理学。实验心理学通常就是把心理的现象、意识等等看作是生理现象，尤其是神经组织的附带反应。如果我们要研究心理现象，只需要确定好它的生理结构，特别是神经结构，就可以达到目的了。至于心理现象本身的特质如何，本质是什么，通常就不被过问了。其次，胡塞尔特别要批判的是 17、18 世纪在英国所发展出来的带有强烈的感觉主义的那一种心理学。它本来是一种哲学主张，在哲学史上被称为“英国经验论”的立场。因为它所讨论的主要是关于人的主体如何认识外在世界的问题。在其论述当中，对人的心灵做了一种假设，或是一种认定。这种认定意味着，他们都看到了心灵有各式各样经验的事实。这些经验区分为内感知经验和外感知经验。无论是哪一种经验，他们都认为，各个心理经验彼此之间是可以互相独立的，或孤立的。而心理经验是不是有着对象跟它相应？关于意向性这回事，他们可说完全无知。英国经验论从洛克一直到休谟，甚至到 19 世纪的穆勒，这些人未能认识到心理现象的基本特质，也就是所谓的意向性。换句话说，他们把自己停留在一种胡塞尔称之为“感觉主义”的情况底下。除了经验论，胡塞尔对于理性主义也有所批评。理性主义对心理的认知，主要就是思想的架构，那些规范思想的先天结构。康德后来在调和经验主义跟理性主义的不同立场时所说的那些具有先天性的东西。在理性主义看来，那些都被当成一种先天知识，是属于人的心理结构的一部分。但胡塞尔不以为然，胡塞尔虽然也使用先天的概念，但是他不接受所谓的心理现象仅仅是那些作为先天知识的架构而已，而是必须包含更多的实质内容。

总而言之，无论是当时所流行的实验心理学，或传统哲学的经验主义、理性主义等都未曾看到，他的老师布伦塔诺所揭示的意向性特质。然而很不幸的是，在胡塞尔看来，布伦塔诺仍然停留在所谓的自然主义的这种框架底下，也就是说他仍然严格区分所谓的心理现象跟物理现象。心理现象的特质在于意向性，布伦塔诺顶多说到这里而已。他并没有把这个心理现象的重要意义整个开展出来，意思就是说，胡塞尔自己所呈现出来那样的现象学的思想型态，在布伦达诺那里是不存在的。当然，不可讳言，胡塞尔自己在写《逻辑研究》的时候，仍旧沿袭了布伦塔诺的“描述心理学”这样的用词，所以胡塞尔自己在他的成名代表作《逻辑研究》的第一卷，仍然说他所从事的工作是一种心理学的工作，只不过这种心理学，不是他所反对的那些意义下的心理学，而是已经看到了意向性的重要性的那种心理学，而且透过这种心理学，他认为可以为所谓的人类的知识的客观性做一个充分的说明。胡塞尔到了《逻辑研究》那个阶段的时候，已经了解到纯粹心理学这样的用词不够好，所以他才发展出自己的所谓的现象学，使用了现象学这一词来说明自己所要从事的工作。只不过当时，现象学跟心理学之间的关系，胡塞尔仍然没能清楚地加以区分。换句话说，如果我们从后面回头看的话，胡塞尔只有在正式提出所谓的超越论现象学之后才明白，原来超越论现象学，也就是他心目中的严格意义下的现象学毕竟跟心理学还是必须有所区分的。直到正式提出超越论的观念，掌握到这个超越论主体的真正涵义，他才有资格说为人类的知识提供最稳固的基础。换句话说，早年他在《逻辑研究》透过所谓的描述心理学，或者他自己当时提到的现象学，所要做的工作只有在发展出超越论现象学之后，才真正完成。

如此一来，心理学是不是从此被他舍弃不顾？实情好像也不尽然。我们会发现，胡塞尔表面上不断讨论着超越论现象学，这是大家都明白的。然而仔细看的话，不难发现他仍然持续关心心理学的定位问题。我们必须特别留意的就是，当他提到心理学或心理学家时，所指的不尽然都是他所要批判的那些心理学，也就是他不赞成的那些心理学。但这些心理学家他们基本上都做了一个工作，就是把心理给客体化了，或者说透过跟自然主义的连结把心理现象给客体化了。换句话说，在他们所理解的心理的经验或者是心理的体验，都不是前客体化的经验或者体验，当然也不是反思前的那一种体验。那种反思前的体验究竟是什么呢？无非就是意识主体所体验到的，任何意识主体（首先当然指人，但动物也包含在里面）随时都处在意识生活中，这是不能否认的事实。只不过对这样的意识生活，我们要怎么去接近它？适当的管道是什么？我们要怎么样才能够明白它究竟是怎么回事？他先提供一个原则，就是不要把它客体化！胡塞尔强调，有些东西是心理学家都不能否认的，就是存在那些所谓纯粹现象，指的是意识主体所体验到的，然后又不被统摄或理解为跟动物或者跟空间世界的事物有关的那种现象，它无非是反思前的所有现时体验。换句话说，任何意识主体都有意识生活，这个意识生活不断在时间流之中向前推进，随时处在现时（现在的这个时候）的状态。然而不幸的是，这种本来未被自然化的意识体验，却被心理学家加以客体化，或者自然化。所以当他们一谈到心理现象的时候，就与身体、自然的生理结构结合在一起了。现象学心理学则致力于探讨未被客体化之前的意识主体之体验，排除客观化、客观主义的介入。

胡塞尔说:

> 心理学家也了解纯粹现象并对它们进行探讨，这是指意识主体所体验到的、但并不统摄为动物的和空间事物世界之事件的现象。一个意识主体在反思前的所有现时体验，都不是自然客体化了的体验。然而，各个意识主体没有自然化的东西，心理学家作为心理学家却将它们客体化和自然化了。他的课题恰恰就是动物的、与身体有关的、自然的心灵生活。(Hua XXV，110)

现象学心理学所关注的人是活在世界之中的人，但不把人看作是物理性或生物性的存在，而是将焦点摆在人的心理或意识上，探讨他或他们如何经验这个世界，而不只是研究他如何被看而已。研究者期望透过他或他们的眼光看这个世界所呈现出来的面貌，因为被研究者存在于世界中，和世界正是紧密关联着。就以拍电影为例，透过电影导演传达给观众他眼中的世界，而人们看电影的作用正是在于透过导演或编剧的角度可以经验到一个特殊的世界，至于那个世界是否真实或客观存在过则是其次的问题。重要的是，我们透过他的角度认识他的心理意识的内容，并借此接触不熟悉的世界。现象学心理学的工作正是在于描述这里所展现的世界，使这个世界成为可接近的。

假如我们问，有关于人的科学要如何去进行？这时必须问的问题是：研究者所面对的究竟是什么？胡塞尔将会回答说，他必须针对意识的事实及其法则去进行研究，也就是要回到经验活动和对象如何在意识中显现出来去加以考察。换句话说，在胡塞尔看来，所有人文学科以及社会学科的研究最终都要回归最底层的核心概念，也就是意向性。

其次，胡塞尔问，该如何去理解自然和精神呢？在我们使用这两个概念时，通常是将它们看作理论思考的结果，但事实上它根源于特定理论的兴趣，而且最终奠定在我们前理论的经验上。只有在前理论的经验中，我们才会说这些概念是在一种原初而具体的脉络中呈现的，我们只有把前科学的经验当作起点，才可能对这些思想理论性的东西进行研究。

当我们对于自然或是精神的概念做深入反思的时候，让这些概念分别从自然科学或人文科学脱离时，我们就会回到前科学的世界。在进行任何科学研究之前，这个世界（我们真实生活的世界）已经在我们直接经验中被给予我们（被我们所经验），在生活当中有着关于世界的经验。我们不要忘记任何有关于世界的科学研究都是针对世界的根本事实在进行研究的。

如前所言，如果世界不是预先在我们的原初经验中被给予我们，那就没有任何科学活动是可能的，因为缺乏任何基础让这些科学可以形成。这个世界一直是这样子，持续不断地呈现给我们，这个前理论原初经验的世界是从来没有中断过的。它就是这个样子，是和谐的经验之流，经验所到之处就是世界所在之处。这样的经验及这样的世界是所有科学研究的基础。生活经验是有衔接性的，不会莫名其妙产生断裂。这种经验就是我们在作为一般人、带着所谓自然态度时的经验。一般人是带着自然态度活在世界中的，他们有很多不会轻易动摇的信念，例如太阳不会明天不再升起。这些一般人的种种经验乃是前科学的原初经验，被持续性而带有和谐性的经验之流给支持着。在自然态度中，我们接受许多在我们经验当中出现的那些东西，在我们的经验当中它们直接表现出来。整体来说，我们的生活自然地持续着，这牵涉自明表现出来的整个存在，以及自明的真实的世界。但如前所言我们的直接经验染上太多文化色彩以及科学色彩，所以我们很难回到直接经验去。只有透过执行还原才能回到那里去。

胡塞尔强调，我们的任务就在于借由特定的还原程序离开文化的世界走向原初经验的世界。这是胡塞尔对于现象学心理学所设定的任务。直接呈现在我们经验之中的原初经验世界，是所有其他科学研究共同的基础，也是我们的自然概念和精神概念的共同基础。关于这一点，稍后再做进一步阐述。

五、两种现象学的共同交集

以上是对于超越论现象学与现象学心理学相异之处的阐述，接下来说明其共同交集。用胡塞尔自己的话来说，二者具有平行关系。（Hua IX，275）为何如此？这需要从意向性的涵义说起。

意识本身具有意向性的特质，意向性的主要涵义之一就是指向统一的意义，也就是说在各种不同的体验活动里，我们都可以针对我们所要把握的对象，对它进行整体的把握，而不会把自己局限在当下的经验。每一个意识体验都处在时间流当中，时间流使得任何一个意识体验都不可能是孤立存在的，意识本身处在绵延不绝的状态，这个绵延不绝的状态使得我们就算非得提到所谓的“一个意识”，那我们也不得不指出，这个意识肯定是处在漫延的状态。就像水滴的扩散作用那般，或者是像藤蔓不断四处伸展扩散出去那般。针对时间所带来的特性，胡塞尔说：“每一个意向分析都超越出瞬间地和实项地被给予的体验而伸展到内在的领域之外”（Hua I，20），意思是说我们的意识体验本身都具有伸展开来的特性。如果我们把这样的原则用在对一个六面体的感知，就会发现到我们对一个面向的掌握都处在一个延伸到另外一个面向的情况，或者说，就算其他的面向没有在当下显现的话，也是潜在的很快的被我们感知到。感知本身有两种含义，一个是当下感知到的部分，另一则是当下再加上其他的视域范围统一起来的完整部分。所以当我们看东西的时候，不会只是得到片断的印象，而是总存在一个氛围／范围，或脉络底下。换句话说我们的真实感知经验，肯定是有着比当下更多的部分。单独就感知本身来说，我们便不难发现其背后有许多的规则在发挥作用。它具有规律性，是有条理的情况，这意味着我们的意识活动／感知活动不会是一团混乱的。关于这个有条理的规律性本身胡塞尔认为有其先天性，意思就是说，我们的感知活动本身带有先天的条理，各个当下的感知内容彼此之间会形成互相漫延或者综合的情况。这个情况使得它形成一个系统，这个系统会形成我们感知的对象。所有被我们经验到的这些对象会呈现出其整体性或是统一性而被我们所掌握，这个时候我们会把这个对象称为意向对象。有几个概念都是互相关连的，它们是规律、规则、视域、综合。综合不是指硬生生的串连，而是互相漫延的情况，透过综合形成系统，胡塞尔也会用到综合这个概念来说明意向性概念。(Hua I，20)

意识与意识之间总是互相融合，处在一种胡塞尔所谓综合的状态下。两个在现实存在的显现方式是实项地分离，彼此之间没有共同的与料，然而，这两个显现方式却都能够让我们看到一个相同的对象，它们都被我们看作是这个对象的不同显现方式。作为具有同一性的对象如何同时拥有这两种显现方式？胡塞尔透过综合的概念来加以说明。毕竟没有一个我思活动是孤立的，整个生命就是一个普全的综合统一体。胡塞尔说：

> 如果我们一旦抓住具体的意识描述的现象学任务，那么，这就向我们敞开了在现象学之前从来没探究过的事实的真正无限性。我们也可以把所有这些事实看成综合结构的事实，即给出个别的我思活动（作为具体综合的整体性），以及也与其他意向作用—意向相关的统一有关的事实。(Hua I，79)

这里的“事实”所指的就是所谓的综合结构的事实，“综合”作为意识原始的形式意味着什么？是什么跟什么被综合起来？综合又为什么如此重要？

关于这个问题，胡塞尔从时间意识说起。每一个体验都有它的体验的时间性。所以每一个体验都有它的内时间意识的表现方式，都是在内时间意识当中显现。现在的问题是，当我们说每一个体验的时候，这句话是有语病的。体验能否被说成每一个个别的体验？答案是否定的，因为它没有一个最小的构成单位，也就是如果硬要把它切割的话，永远切不清楚。为什么会这样呢？因为它本身是个时间状态，是个时间性的存在。时间性的存在代表，不间断的绵延，意指没有中断的状态，永远处在持续的流动状态。它像是一个平稳的状态不断地前进，个别的体验，并不是首先呈现出一个独立的状态然后才被结合起来，而是本身就是处在绵延不绝的状态当中，就是说，它没有断裂。当我们说一个体验或另一个体验的时候，会以为这样的状态是断裂的。可是实际上，不同的体验之间是互相渗透的，胡塞尔把这个情况称为“综合”。综合可能引起误解，意思是说它本身好像是孤立的状态，然后我们硬把它们凑起来。之所以会如此是因为我们为了要说明事情的时候，往往非得从一个个别的面向开始出发，我们才能够解释事情，就好像胡塞尔常举骰子当作例子，骰子是个六面体，当人从不同的角度去旋转它的时候，它就呈现出不同的样貌，每一个样貌都各不相同。现在的问题是，这个骰子并没有因为只被看到某个样子，就失去它的“同一性”或“统一体”。胡塞尔想要说明的是，这个统一体到底是怎么一回事？也就是说，当我们面对一个有好几个面向的空间对象的时候，我们却又不能否认，或不能忽略它是具有同一性的。现在的问题在于这同一性与各个面向之间是怎么回事？我们的意识，从一开始，就是一直在做综合的工作，而这个工作之所以能够完成，是因为我们的意识本身具有统一性的特质。所谓的意识，胡塞尔总认为被误解了或忽视了，原因在于对它的根本特质，人们向来可能是用很不恰当的方式去加以处理，这个不恰当的方式最重要的一点就是，总是把它看成像原子一样，好像我们的意识是可以从这个孤立的个别的原子或者叫做原子事实出发，然后去看它们彼此相互关联，这是不对的。现象学的工作首先就是要辨明意识的这个综合特质，而这个综合特质最终就是回到它最根本的意向性来说明。这个意向性，除了说“意识总是意识着某物”，也就是意识总是意识着具有统一体的或是统一性的一个特定的对象之外，其最原初的特性，无非在于它是溢出的、会漫延到其他意识去，也就是在此一再被提起的“综合”的。

作为“不可分的相互关联性”（Hua I，77），意识跟意识之间不是像两颗球接触之后互相把对方推开，而是像两滴水，碰在一起的时候，会结合成一大滴水。意识可以用水做模拟，说明其互相渗透、漫延的情况。这是“作为意识唯一地本有的综合方式-特征。”（Hua I，78）

不同的意识是处在相互隶属、综合的情况下，无论表面上它们看起来是多重、多元或多样的情况，这是不可否认的。当我们看一个骰子时，有时候我们看这一面，有时候我们看另外一个面，毕竟每个样子都差很多，具有多样性。但无论如何多样，毕竟是被统合起来的，总合成一个统一体。多样性如何相互关联涉及所谓综合的规律性，也就是说我们的意识，并不是一个杂乱无章的情况，而是具有规律性的，而这个规律性可以透过所谓类型的概念来做说明。至于整体性与多样性该如何关联，胡塞尔则透过“构造”（Konstitution）这个概念来说明。构造也就是要去说明一个对象怎么样作为一个对象，怎么样透过跟多样性之间的关系而得到说明的。也就是说，当我们去问什么是被给予的时候，我们首先看到的是这些具有差异性的东西。可是除了这个被给予之外，另外还有一个作为统一体而被给予的东西，所以中间到底怎么相互关联呢？这就必须透过“构造”概念才能得到说明。

对象作为意义的统一体而构造自身，这如何可能？该如何去说明？胡塞尔说：“意向分析是对这样的一种现时性和潜能性的揭示，在它们之中，对象作为意义的统一而构造起自身”（Hua I，19）。对象作为一个意义的统一体而显示出来，这个显示意味着，我们虽然在真实的经验里面都只经验到对象的某一部分，但却说我们看到了那个对象。究竟能不能说我们看到对象本身很难说，但是那个对象作为一个意义的统一是显示给我们的。例如看到一个骰子，本质上来讲如果骰子的材质不是透明的，没有人能够一眼就看到骰子的六个面，一如我们无法看透一个人笑容背后的真实，显示出来的就是现时的当下情况，当下看不到的面就变成潜在的。通常我们对于一个对象的经验，细节的部分往往被我们忽略了，例如我们看到一只狗，一位女士或一位老先生，也许现时出现的与潜在的那些东西都被我们忽略了，但我们却一举掌握了那个对象，这便是意向性的功能。换言之，我们往往跳过了很多实项的部分，而直接指向对象。例如想起了一首歌，这首歌就成了我的意向对象，回忆是一种意识活动，我们的意识活动总是有一个对象在那里被我们指向，那个对象不会只是以它的某个面貌被我所意向，而是以整体被我所意向，一个东西、一个对象、一首歌，它们都有非常多的面向，非常多的显现方式，但是我们往往可以跳过它而直接指向对象，这就是意识的一个特殊的功能。这个功能在胡塞尔的老师那里已经先提出来了，但是没有赋予这个概念这么重要的意义，胡塞尔把它认定为意识最重要的特征，在这个基础上展开他的一套现象学论述，意向性概念是现象学的核心概念。

胡塞尔说："意向分析不同于通常意义上的分析"（Hua I，19），意向分析的分析并不是切割的意思。意识是不能被切割的，胡塞尔说："意识生活……不是一个单纯的材料连系，既不是一个由各个心理原子组成的集合，也不是一个通过构型质而得以统一的各个因素的整体。"（Hua I，19）之前已经提过，在这里较明确地表达出来。意识生活不是由各个心理原子所构成的，而是互相延伸的情况，它不会先是一个个别的独立个体而后与其他心理原子连系，反而这个连系可以说是本质上内在于意识活动当中。胡塞尔把这个情况称为综合，这个综合不是好像先有不同的珠子然后拿线将其串起，而是这些珠子本质上已经是一个抽象的虚构产物。实际上意识更像是水的本质，是原本合在一起，只是我们硬生生地将它放置入不同的容器，然后我们看到这些装着水的容器，以为个别存在的水是优先的。其实不然，水本质上是互相融合在一起的，是胡塞尔所说的综合状态，综合成统一体。

同一化是综合的根本形式，综合之为综合，它形成所谓的统一，以便成为一个对象。所以胡塞尔又回到所谓的时间问题去，意识的存在状态本身就是时间性的，这是不可避免且不可或缺的情况。胡塞尔提到所谓的内意识，并不是指存在所谓的“实项”（reell）部分而已，对此胡塞尔说：

> 一个世界的实存——譬如这里的这枚骰子，由于悬搁而被括起来。但是，这同一个呈现的骰子继续内在于流动的意识中，并在其中得到描述，正如在其中仍然描述地作为同一枚骰子那样。这种在意识中，完全是一种独特的在……中的存在，就是说，不是作为实在（实项）的组成部分，而是作为意向的东西，作为呈现着的意念的存在。（Hua I，80）

当我们谈论骰子的时候，意识中的骰子就不再是作为客观存在的那个骰子被讨论，而只是作为我们意识的对象，作为呈现着的意向对象的存在，即它只作为对象的内在意义的存在。这个客观存在的骰子事实上已经被悬搁起来，就是暂时不去管它是不是存在的问题。这个作为对象的骰子并不是所谓的内在于我们的意识当中，作为其所谓的实项的组成。实项的意思是指在我们意识活动当中的实际存在的组成部分。骰子本身已经脱离这个实项部分，而成为我们的意向对象。胡塞尔说：

> 在其同一性——在流动的体验中始终与自己本身在一起——中的意识对象，不是从外部进入同一个体验活动中，而是在其中被包括作为意义，而且是作为意识综合的意向成果。（Hua I，80）

这同一性乃是意向性造就的结果。这个结果也可以说是对对象的构造，所以构造最终还是必须回到意向性的意识特质才能被说明。这是说我们的意识一方面在各式各样的感知经验中，感知到所谓的多样性（林林总总的显现方式）；可是另一方面，我们却掌握到它的同一性，也就是说意识本身拥有意向性的特质，可以使得我们能够完成这个工作，它本身即是一种成就。因为它是透过意向性所完成的动作，所以它才被称为构造。在这个情况之下，胡塞尔解释了一个对象为什么是作为一个对象呈现给我们，并不是因为在客观的世界当中，已经先存在着这样一个对象，然后它进入到我们的意识；而是反过来，是我们的意识本身具有意向性这样的特质，所以能够掌握到那个对象作为一个对象。这样说的优点是，就算在这个世界上并不存在任何这一类的对象，我们一样也能够去掌握那个对象的同一性，意思就是说，我们明白它是什么而能够说出它的意义。例如说：在中世纪时代，人们想象有独角兽，有半人半马，这些都是想象出来的东西。虽然，也许经过什么样的证明，世界上并不存在这样一个动物，可是我们却可以对于这一类对象，透过它的同一性，去掌握其意义。为什么呢？因为我们已经把它是不是存在这一件事给悬搁起来了。不去管它是不是存在的问题，而是只管在我们的意识里面我们能不能去构造出它的意义。而加以掌握。

总之，意向对象可分为两部分来看，一部分具有同一性，另一部分则具有杂多性在意识的河流中不断呈现的不同面向或不同的体验。这个具有同一性的对象被认定为是超越的、具有超越性的，所以同一性和超越性对胡塞尔来讲是同一个意思，又为什么叫做 transzendental？有一种说法无非就是对于为什么会有超越这一回事的一种现象学的哲学说明，所以 transzendental 就是要不断地说明究竟什么是超越（transzendent），或是它的含义是什么？它的作用主要在于说明 transzendental，是一体两面。胡塞尔指出，transzendent 指向世界，transzendental 则指向意识。意识最后回归到主体这一部分，或者本我。在胡塞尔的想法里这个主体或者本我可被称为“极”，就“极”这个概念来说，就是把东西聚集在一起，成为其归宿。在这个意义底下它具有同一性，这二种同一性并不是形上学的概念，它不是在我们没有从事任何哲学思考之前就先被我们肯定的那些东西，而是要透过所谓的构造的说明，所以无论任何东西都是被构造的。被构造的概念本身蕴涵了我思与被思的架构。

正是通过意向性结构人们才能经验到这个世界，这个意向性系统使得世界显现为可以被看到、被触摸到等等。就是说这个世界的呈现方式是很多样的，比如说，我们用鼻子闻到味道，味道也是属于世界经验的一部分，有时感受到花香、霉味、令人呼吸困难的雾霾等等，这些我们接触世界的方式，每一种经验都是一种意向性经验，我看我闻我听我触。康德认定在我们现象界背后有一“物自身”在支撑着它，到最后都是形上学的主张，人们所摸得到、看得到的现象界背后都有一个摸不着、看不到的世界／本体界，相信背后有一个人们无法触及的世界，那个叫本体界，康德说我们没有办法探讨那个东西，所以就不要去说它，因为人们怎么说都对，也怎么说都不对，会产生二律背反，正反两方的说法会互相冲突矛盾，面对那样的矛盾我们无从选择，确认到底谁说的才对。比如说上帝存在或不存在，对上帝的经验是透过信仰思想，还是透过知情意等其他方式，但这与我们对世界其他对象的经验完全不一样，也就是说这里面带有信仰的特质，现象学当然也可以去谈信仰，“我信仰—被信仰”也是属于意识活动的一种类型，有人投身在宗教经验里，宗教经验本质上就是一个神秘的经验，它不是一般性的经验，真正的宗教经验不是人自己找来的，而是超自然的存在主动找上门。那到底有没有神，神是什么样子，向来是人类无法克服的难题。笛卡尔的神是哲学家的神，康德说这种神我们无法从经验界从知识界去谈，但可以从信仰去谈。胡塞尔不接受“物自身”的预设，胡塞尔的思想是十足科学性的，我们能说什么或不能说什么，事实上他也接受了康德的批判哲学所划定的界限，所以胡塞尔未提出弗洛伊德式的潜意识或无意识概念。胡塞尔坚守科学式的论述，自称实证主证者。

透过意向性所展开的各式各样意识结构不是只有偶然的、一次性的、只能发生一次的，应该是说，我们人在意识河流里面所经验到的一切，都是独一无二的，每一次的经验都有它的独一性，每一分每一秒都是有差异的，这是不容否认的。赫拉克利特曾说过人不能两次踏入同一条河，意思是，人或河都在变化，每次都不一样。可是现在胡塞尔现象学要讲的不是一次性的特殊经验，他要讲的是具有一般结构形式的东西，也就是要揭示这个带有结构性的不变的稳定结构，最最稳定的结构就是 cogito-cogitatum 的关连性，就是意向性结构。意向性结构无所不在，它展现在我们每一次的意识经验或体验当中，万事万物乃至于整个世界之所以能够呈现给我们所依靠的就是这个。在此意义下便是所谓先验的意思，这是 transcendental 的其中一个涵义。他说："每一个客体都标志着一个对先验主体性而言的规则结构"（Hua I，22），就是说对任何对象的经验不得不仰赖背后这个意向性结构作为基础，它本身就是一个规则结构，胡塞尔说这个规则结构背后有一个先验主体，这个先验主体被他称为一个"极"。每一个客体代表不同的类型，比如说，当我们看到一个对象而把它称为鲸鱼的时候，我们是用类型的概念来指称那个对象，这一般的概念背后是靠类型来支撑，换成别的说法，无非就是"本质"。当我面对存在物而说那是鲸鱼时，我不是在讲眼前某一个独特而个别的存在物，而是看出它具有同一性，也就是鲸鱼的概念适用于该对象。任何存在物一方面是偶然的实际存在，但另一方面它也具有一般的形式结构。胡塞尔所看重的并非其独特性，而是与意向性、超越论主体等等相关的类型概念。这里'超越论主体'指的是，意识河流和主体性是二合一的，这个情况有点像杂多和同一的关系，也就是说主体性要透过意识流动的杂多性来显示自身，也就是说把这些杂多性抽离掉之后人们不可能去指称一个叫做超越论主体的对象，或者说无法找到一个完全没有时间流的意识主体。但倒过来却是有可能的，例如萨特他就不赞成意识主体，但他却赞成有意识河流，胡塞尔则认为这二者是一而二、二合一的互为表里；作为超越论主体的意识河流不是一团混乱，而是本身存在规则。这个规则通常会透过对象表现出来，对象的同一性具有引导作用，会为意识的流动提供一个基本方向。（Hua I，22）

总之，意识本身不是像放了诸多小球的容器一般，而是本身就有一个类似像有机体一样具有一些规律性，任何有机体都有的内在协调关系。从这个角度来讲，人不是机器，机器是透过无数多的小零件拼凑起来的，人不是透过无数多的器官和细胞组合起来的，人首先是作为一个整体，这就是所谓有机体的概念。人的意识不是一团混乱而是本身就有规律性或规则系统在里面，这个系统是属于超越论主体，而这个主体不被后胡塞尔的现象学家普遍接受。无论如何胡塞尔非常重视这个主体，这个主体是科学式的超越论主体，而非情绪性的超越论主体。后一种类型的主体出现在海德格尔和萨特的学说里，也就是说他们事实上是把情绪当作一个类型来描述，就算他们指出来这是属于人最基本的存在的部分，他们还是用哲学的语言去表达，例如描写愤怒或焦虑的本质，还是以一种非常有条理的论述展现出来。这本身是吊诡的，在这个意义上来讲，他们与胡塞尔的差别是不大的，都是对愤怒焦虑等情绪进行现象学的描述，只是赋予它们不同的地位。

胡塞尔说："但事实上，构造的问题包容了整个先验现象学，并且标志着一个完全一般的系统的角度，所有现象学的问题都在这个角度下而得到整理。"（Hua I，24）所以构造的问题和超越论现象学是密切相关的，等于是整个超越论现象学都是被包含在构造的问题里面；所以若能把构造的问题说明清楚了，等于把超越论现象学也说明清楚了。这里的重点是，一个所谓的完全一般的系统是要被掌握住的，胡塞尔说："一个对象的现象学构造指的就是，从这个对象的同一性出发来考察本我的普全性，就是说，去探问现实的和可能的意识体验的系统大全"（Hua I，24），这句话指的是，我们若从对象的同一性出发，回头去追问背后的意识体验的系统大全，则可得知这整个系统是有其内在规律性，这个系统提供了先验的基础，使得我们有能力去掌握这个对象。胡塞尔又说："这些意识体验被描绘为在我的本我中可以与此对象有关的体验，而且它们对我的本我

来说就意味着各种可能综合的规则。”（Hua I，24）

这个规则本身就是说明它们如何互相结合在一起的综合性的规则。因此意识本身不是一团混乱，而是有内在的规律性在。所谓理性与现实之间的问题，这个理性基本上来讲就是这个先验的结构，现实则是指这些对象。现实当然不是指外在于意识结构而独立存在的现实，而是一个跟意识的意向结构密切相关的现实。胡塞尔认为所谓的现实也必须要从这种意识的意向结构来说明才可以。他说：

> 我所具有的作为存在者的东西，对我来说作为存在者而有效；而所有可想象的指明都被包含在我自身之中，被包含在我的直接的和间接的意向性中。（Hua I，24）

任何对象要能被说明的话，都必须透过意向性，而这个意向性可分为直接的和间接的，直接的就是在我们一般对空间物的感知当中，可以直接感知到对象，间接指的主要是一些我们无法直接经验到的那些部分，什么是属于没有办法直接经验到的呢？胡塞尔最重视的就是他人的心灵或者意识活动，它没有办法直接摊开来被我们所经验，而必须透过一个间接的意向性，也就是说别人在想些什么只能透过他的语言表达或是脸部表情或是艺术的表现、肢体动作等等来显现。所有人跟人之间的关系都是透过这般间接的意向性来进行的。无论是哪一种意向性，所有存在的意义都必须包含在我的意向性当中，也就是要透过所谓意识的层面才能获得说明，胡塞尔后来把这样的思考称做“越论论的观念论”。这里的超越论现象学并没有包含现象学心理学在内。从平行的关系来看，可以说在上面存在的，在现象学心理学也存在，也就是对于进行沉思的人来说，现象学心理学看到的不只是他自己怎么看，他还试图去说明作为事实的存在是怎么回事，试图说明他人的心灵存在究竟是透过什么样的模式被接近。理解社会关系是怎么回事，一条路是走 transcendental，另外一条路就直接走心理学的道路。心理学的道路就是预设社会世界或自然世界是存在的，这些世界的有效性是被肯定的；至于“本我论”则是属于超越论现象学的途径。

总结以上所言，综合意识乃是意向性结构的一部分，意识只有透过意向性分析才能够被说明，这意味着，意识生活并不是意识的基本单元，或者个别的感觉与料（Sinneseinheiten）的组合而已。意向性分析有别于其他的分析，主要在于意识本身的基本特质，亦即意识是连续不断的统一体。严格说来，不曾出现任何孤立的意识活动，每一个意识活动都向着另一个意识活动漫延、渗透，进而形成彼此互相融合的综合现象。然而，各个意识活动的相互关联并非杂乱无章，而是存在基本的规律性。

正在构造的意识的多样性不是偶然的，他们受到某些原则的支配。意向对象不是孤立存在的，而是与正在进行我思活动的超越论自我相关的每一种客体，每一种对象，都表明了一种超越论自我的规则结构。超越论主体性不是凌乱的意向体验，也不是杂乱无章的构造样式。（Hua I，90）因为这些样式的每一个意识本身都是通过意向对象的一个种类或形式的关系而组织起来的。就无限多样性的可能的综合来说，总是根据意向作用互相结合在一起的。类型（Typus）使意识受其约制。意识虽然是流动不居的，但因为意向对象的缘故使意识的运作方式不是任意的。一如它们在意识方式的变更中，始终能够保持统一性。

类型约束着意识活动，并引导意识活动朝向综合统一体的方向而去。因此胡塞尔指出每一个处在特殊类型底下的对象都是超越论的引导线索（Leitfaden），也就是从个别的存在物出发，我们可以回溯这些存在物如何相关于超越论的领域，也就是其中的意向性结构。（Hua XVII，

275）个别的存在物与其背后的主观条件是不可分离的，二者是意向性的两端。有什么样的意识活动就有什么样的意识对象，反之亦然，如果我们舍弃其中一端，只看到其中的一面，胡塞尔便称之为抽象（Abstraktion）。（Hua IX：510）

类型跟本质有关，我们不要先把呈现在我们意识这些多样的显现方式看成是杂乱的样子。在这些不同的显现方式背后其实是有规律性在对它进行支配的。规律性会导致一个对象可以有一个特定的形态呈现给我们，也就是这个综合本身是透过规律性来运作的。之前提到综合主要是指意识之间的关系，现在，胡塞尔则透过这个关系来解释一个对象可以以一个整体或是统一体方式呈现出来。胡塞尔要强调的是，存在论是不能忽略主体性的意识。也就是说，不能完全取消意识直接去谈存在，否则就是传统哲学的思路。所以，胡塞尔把主体凸显出来，且称之为"超越论的"（transcendental）。主体不可或缺，而主体之为主体，重点在于它有意识，但接下来我们可以问：这个意识是自己主动出发的，或有可能是被动的？这个问题之所以会浮现，因为人并不是完全出于主动去构造对象的。所以在主动被动之间，是可以进一步追问的。

"类型"的概念之所以重要，和意识的流动情况有关。

我们已经知道，意识基本上就是处于流动的状态，胡塞尔称之为时间性的存在。时间性的存在在流动的过程当中我们会有一种想法就是它好像处在不断变化的流动当中，似乎是不稳定的，我们抓不到它的主轴。胡塞尔借由类型概念来说明，在意识的流动过程当中，毕竟都还是有一些主要的类型，就是在某个当下的意识活动里面，它总是有一个主轴在其中。例如在进行感知活动时，我们当下的看东西、听声音、触摸物体，此外我们还会回想、回忆、联想遥远的地方以及不在眼前的过去经验。感知一定针对当下经验来讲，可是过去十年前老早不存在的东西却可以被我们召唤回来，这时候我们的意识就处在以回忆为主的类型当中。任何一个活动都有可能突然被打断，做白日梦是很快乐的一件事情，但白日梦很容易被现实打断，也就是说透过欲望所产生的幻想总是无限美好，可是一旦考虑我们的经济能力或各方面的能力时，幻想就自动破灭了，好像气泡一般。电子游戏介于感知和想象之间，它不是纯粹的想象类型也不是纯粹的感知类型，也就是它有部分的感知也有部分的想象，叫作虚拟。它很像真的又不是真的，但又不只是纯粹的想象，因为纯粹的想象是不可能成为视觉的感知对象。在游戏的当下我们几乎信以为真，在信以为真的情况之下，持续地和它产生互动，就接受它为真而言，它有感知的成分。作梦是一个很特别的经验，我们整个人是非常地投入，投入到会被它吓到或感到无比的快乐，但梦通常会有死角，就像电影的编剧一样让人像处于悬崖边忽然惊醒，所以作梦也一种意识的类型。

总之，类型的概念是相对于意识流动来说的。就时间性的层面来讲，在流动的情况底下，意识都有它的主轴在里面，这个主轴也就是有一个特定的类型占主导性。（Hua I，21）故若从整体来看的话，我们未尝不可以说，我们的意识总是不断地在翻转，但胡塞尔有他特别重视的部分，也就是做科学思考的经验，尤其是进入现象学的反思经验。这是一种科学的思考活动，这种科学当然就是一般所谓的哲学。

以上所言适用于超越论现象学，也适用于现象学心理学。诚如胡塞尔所言：

> 如同超越论还原的入门方法，超越论的存在场域是平行于现象学心理学场域的，后者的入门方法在于心理学还原。（Hua IX，342）

因为平行的缘故，使得借由现象学心理学还原所呈现的“本有心灵内容”，经过彻底的超越论还原之后仍然作为“超越论的内容”而被保留住，只是前者与世界紧密结合的心理意涵转变成为超越论意识中的现象罢了。

对他人主体与对自身主体所进行的还原

根据以上所言，现象学心理学是处在自然态度与超越论现象学之间的一门学问。既然是处在自然态度与超越论现象学的夹缝中，便不免有其暧昧性或含混性。它一方面保留自然态度的特性，对世界存在的设定有所坚持，另一方面则以现象学的姿态进行悬搁的动作，与世界保持一定距离。但它又比不上超越论现象学所采取的高度。故与世界之间保持若即若离的关系，与纯粹自我之间同样也是又近又远。它的暧昧性导致胡塞尔不认可它是最高阶段的现象学，也因此普遍未得到重视。

在胡塞尔看来，现象学心理学家的任务在于阐明存活于世间的人之世界生活（Weltleben）究竟是如何构造的。该学问针对世间人如何进行其世界生活进行本质描述。存活于世的自然自我拥有其职业、嗜好、稳固的人格面向，也有其生命的理想、奋斗的目标等等。这是自然的自我之特质，或者，如胡塞尔所言，世界之子（Weltkind）的特质。自然的生命虽然不缺乏意向性，但自然的生命本身是沉沦在世界之中的，对于纯粹主体性一无所知，意向性的生活在此时是隐匿的。纯粹的生活只能够透过现象学悬搁展开，纯粹自我与纯粹生命也才能一起被打开。（Hua VIII，120—121）

针对世间人的种种素朴信念，现象学自我有必要执行使之被判为无效的动作，亦即悬搁。透过悬搁，现象学自我创建了完全不同于所有在自然生命中成长出来的特殊人格面向。现象学自我是有意被创建出来的。现象学自我专注于自身的意识生活，针对自身的种种经验进行观察。在此胡塞尔区分了对他人的考察与对自身的考察，因而有两种不同的还原方式。

就他人部分而言，胡塞尔指出：

> 如果我处于自然的态度中，并且在我面前有某个实行某种意向体验的人，那么只要我通过理解他而一起提出有关他的命题，我就能够由此命题而后退，并在此范围内实行向他的单纯的体验还原。这个他人始终是在那里的这个人，这种还原只不过是以纯粹性将他的全部内在的体验，他的全部内在的“心理的东

西”，提取出来。当然在这当中同时包含着意向的内容，处于其确定的显现方式之中的他的主观的周围世界之对象性东西：作为被他以为，被他设定的东西。这些相关项属于体验，不论在哪里的这个他人是在“幻想”，还是正确地进行经验和思想等等。这样在关于这个他人及其体验流对于其余的世界本身处于什么样的实在关系中的一切询问以前，我就在相关的揭示当中获得了心理的，而且是现实的意识，获得了处于其纯粹性之中的他人的体验流。使他处于在实在关系中对他存在着的世界之外，这当然也就是说，运用由他在其意向体验中实行的意向的客观关联和存在设定之权利。但是在所有的情况下，每一个这样的意向体验本身都是心理的东西，在自身中都有与对象东西的关联，而且这种不是实在的关系，就是说，不是实体的—因果性关系。实在的关系可能存在，但在这种情况下只是这样存在，即意识流—按照人—统觉之意义——具有其与身体的实在的关系；并且人认识这个世界，对这个世界有意识的关联。但是在这种关联中他的意识并不是与世界实在统一的（那是荒谬的），而是以心理物理的方式与实在东西连结着的，并因此处于—也许是很间接地—对于“直接在此存在的”事物之实在的关

联中。（Hua VIII，443—444）

对他人的理解，我们必须有什么预备动作？首先，不要把这个人的意识内容直接就连结到这个人的生理结构，而说就是因为他的这个生理结构所以他才会有这些意识活动。这里不免产生所谓实在的连结、因果连结。而是回到实事本身，如其所是的加以描述：他的意向对象是怎么样是被他构造出来的？对他产生什么意义？也就是只重视意向性关系，意识活动跟意识对象到底是什么样的关系，本质上的结构究竟是什么等等。

其次，把这个描述对象拉回到我自己身上来，也就是"当我，这个采取心理学态度的主体，将我本身，我这个进行心理学研究的人，当作课题并想为我获得心灵体验的内在性时，情形如何呢？"对此胡塞尔说：

> 我发现：这里的这些事物，这个周围世界——被处于空间—时间之无限性中的未被知觉的，或多或少确定地想象的，已知的和未知的世界所超出的这个周围世界；其中有作为物理事物的我的身体，这个事物如同所有这样的事物一样，能够占有空间中的每一个位置。我发现，我对于这些事物的心灵行为——我满

意或不满意这些事物等等——，我有关并非当前的现实的事物或虚构的事物的表象，我有关它们思想活动，等等。我还注意到，这个事物按照它对于我，对于我的感官，我的身体的位置，在外观上是变化不定的，并且注意到，这种外观并不是该事物本身，如此等等。我如何发现自己是身体—心灵的实在的生物，是自然之中的人呢？是这样发现的，即我在一定程度上用别人的眼光来观察我自己，这样我将我解释为是身体—心灵的东西，并想象处于任意一个空间位置，如我这样想象个别人一样。（Hua VIII，444）

根据这段话，自己可以被看成他人。因为作为身体的存在，我们对自己的掌握，事实上是透过他人眼光来完成的，并不是我们对自己完成这个动作。如果我们自己是当成被给予观察的对象，就是要对自己进行心理学研究的话，那会是怎么样呢？他就会说我在这里面会遭遇到某些事物，遭遇到周遭世界，会遭遇到上一段引言中所说的“我对于这些事物的心灵行为”。我们用现象学心理学的角度对自己进行心理学研究的时候，这当然是一个反思的活动。在这个反思当中我会发现什么呢？或者我遭遇了什么？我看到了什么？在我眼前展示了什么？呈现了什么？我有各式各样的心灵行为，心灵行为不是一个被客观化的行为，而是说我有种种的意识活动，这些意识活动包含些什么呢？也就是说假如我要把我自己当成研究对象的时候，我也一样应该透过所谓的还原，透过这样一个方法去看我们心灵的种种活动，这时候我就把我自己当作研究的对象来加以对待。我是一个存在于世界中的自我，这个自我有身体，有周遭世界，它跟其他人彼此之间有一些关联。

以上就是所谓的对他人或者对自己进行现象学心理学的研究。他人、自己都是活在世界中的人，可称之为世间人（Mensch）。现象学心理学研究的工作，主要就是描述世间人的心灵活动（意识活动、心理活动），当然这些心理活动都有其关联的对象。

经过现象学心理学的还原之后，现象学并未从此断绝与世界的任何关系。这是现象学心理学还原与超越论现象学还原之间的差异所在，身为对于世界事物不带着任何兴趣的观察者，现象学心理学家的注意力摆在理解自然的他人自我或自我自身及其意识活动与能力，而不对任何相关的意向活动赋予有效性，亦即对它加以肯定或予以否定，更不过问这些被世间人所设定的有效性是否合理。胡塞尔说：

> 我们在此处在一个令人瞩目的情况底下：心理学家，或作为心理学家的我并不执行普遍的悬搁，毕竟我还让世界维持其效力，并愿意持续如此。（Hua IX: 471）

换言之，世界的意识之所以未被排除在外，关键因素在于现象学心理学家并不执行普遍的悬搁。现象学心理学家依旧保留了世界的存在有效性，从这个角度来看，作为实证的研究者，现象学心理学家仍然是世界之子，或更严格地说，是间接作为世界之子。这同时意味着，在不操作超越论还原的情况下，现象学心理学家不完全脱离世界之子的身份。

对于胡塞尔来说，超越论还原的本有特质在于：它彻底排除自然素朴信念的有效性，不容许将自然的基础当作事先被给予的。所有自然态度及其构造物都只被当作超越论现象学的构造显象（konstitutive Vorkommnisse），而超越论哲学或超越论观念论则是带着这个认识的态度之研究成果。所有的自然生活都要从它获得解释的源泉。现象学心理学还原终究不同于超越论还原，它不执行普遍的悬搁，所以和世界仍然维持某种联系，借由这个联系，现象学心理学也确立了其独特性。

透过现象学心理学，透过不同于超越论还原的现象学心理学还原，胡塞尔凸显现象学心理学与世界生活之间既相即又相离的吊诡关系。前面提到，心理学的任务在于说明世界生活的统整性是如何构造的。而现象学心理学还原的目的则在于思想地移情于所有具心灵之物者（包含我自己在内），与他或他们合而为一。现象学心理学家由于不执行普遍悬搁的缘故间接地仍具有世界之子的身份。但另一方面，为了进行研究，心理学家又不得不将世界判为无效，于是产生表面上既判世界为无效又保留世界的有效性这般矛盾吊诡的情形。其暧昧性或含混性不言而喻。

六、前理论的原初经验

世界是现象学心理学的一项重点课题，而世界与世界经验是不可分的。胡塞尔一再强调，从科学与文化脱离出来的世界并不是作为“在自己本身”的世界。因为世界的面貌永远都是相对于我们对这个世界的经验而呈现的。现象学心理学之所以重要正是在于，当我们谈论事物。或世界时，都不能不体认到，世界乃是相对于对世界的经验而言的。原初地说，世界从来就不是独立于人的世界。若我们说世界是要摆脱或排除我们对世界的经验，那世界就会被独立出来变成世界本身。这种情况将会使得我们忽略人的经验和这世界之间的密切关系。现象学还原的目的便是呈现出对象以及世界两者是怎样互相关联着，把它们最原初的意义呈现出来。只有在我们了解其原初样貌的时候，才能明白，文化、科学以及它们造就出来世界是如何基于原初的直接经验以及这个世界这样最原初的领域，一步一步开展出来的。

直接经验的世界乃是这个“真正在己世界”的根源基础，后者是经由科学探究活动所产生的。胡塞尔强调原初根本的世界本身具有普遍的结构性，不会受到后来知识建构的影响而改变。首先谈到知觉的世界，我们对世界的经验首先是对这世界的知觉显现出来的，胡塞尔做了被动知觉和主动知觉的区分。被动的知觉，基本上就是在平常经验里没有反思我们和对象间关系的知觉；主动的知觉，则是把我们的注意力集中在特定的对象上，这时候进行一种反思的工作，可以让我们对于人和世界的关系作比较深入一点的了解。

我们一般人总以为世界何其广大，我们对这个世界只能有一部分的关联性，不可能对它有完整的经验。这项看法是否恰当，有赖于我们对世界的涵义作进一步的厘清。这个问题要从意向性出发来着手进行。从现象学的角度来看，谈论“物”不可能离开对该物的经验。而当我们透过反思考察对物的经验时，我们会肯定一点：任何物都只能透过某个面向呈现出来，然而我们却不会认为我们只经验到这个东西的某个部分而已。胡塞尔指出，这就是意向性的功效，在知觉某物的特定层面时，我们同时也意识到某物，意识到它具有一种内在的统合。意向性的对象是有意义的对象。说明世界各种的对象存在物，所有的一切都有它的意义，这是我们人的意识活动的根本特质。在主动有意识表现出来的知觉活动中，我们会把焦点放在特定对象上，这时候我们会发现到我们对这个对象有很多各种经验的角度跟方式，胡塞尔经常举骰子作为例子，骰子的每一面都很鲜明，我们会从哪个角度知觉，我们都很清楚。在我们经验特定角度的当下，我们还会保留住过去我们对它的一些经验，换句话说，我们不会限于当下经验而已，因为我们保留住过去对它各种不同的印象。就在这样的经验当中，作为开放视域的世界展现出来了。

我们所要回到的原初直接的世界，不仅具有不可怀疑的确定性，还具有所谓世界的真理（Hua IX，63）。后者意味着透过我们直接而原初的经验所展现的世界不是一个空洞没有内容的世界，而是有真理和肯定性在里面。也正是因为它有这些丰富的内容才可以成为各种科学的根源，其他科学都是奠定在这个原初的经验上。（Hua IX，46，64，232）基于这样的世界真理，我们才可能努力求得客观的知识真理。从此出发才有所谓客观的科学，科学和直接经验间的关系是奠基的关系。这个世界是前科学前理论的领域。如果我们能发现到前理论的世界具有普遍的结构，其结构就会反映在其他领域里。并且这个结构会持续存在，在各个不同的科学里表现它们的内容。

经验和世界间有相对应的关系。对此进行描述就是现象学所进行的工作，就是要能够显现出世界如何在我们经验当中呈现。任何科学都必须要奠定在对世界的普遍科学上。这种科学所要描述的对象无非就是世界的普遍结构，是在我们直接经验中显现出来的。而人与世界相对应的结构就是意向性的结构，透过本质还原展现人与世界之相应性的本质结构。现象学心理学要把相对应关系的本质给展现出来，方法就是本质还原。

相对于不事反思的作风，超越论的态度表现出高度的反思精神。要做到这一点并不容易，从非常贴近世界的方式转向具有最高反思的超越论态度前进，不是做不到而是容易失败，人们往往觉得很不好亲近而加以排斥，所以胡塞尔另外提供一条比较平缓的路——现象学心理学。后者基本上也是一种态度，它比较贴近世界，所以可以被看作夹在超越论态度和自然态度之间。和超越论态度相比，它可以说并非哲学的态度，但也不完全和世界融合在一起，不再是缺乏反思的“自然”，所以是处在中介的领域。

就平常的状态来说人本来就是很难离开这个世界，充斥许许多多自然态度的想法。所以要是能够先了解现象学的心理学，胡塞尔说只要在这个基础上作适当的调整，就能够了解最高的超越论态度。（Hua IX，293）当世界变成现象时，当世界是相对于超越论自我或是超越论意识的现象，超越论现象学的涵义就被充分掌握了。

现象学心理学作为阐述前理论原初经验的学问

胡塞尔指出，世间人的经验是前理论的经验，也就是前科学的世界经验。在进行任何科学活动之前，我们生活于其中的世界已经在我们直接经验中被给予我们（或被我们所经验）了。任何有关于世界的科学研究都是针对世界的根本事实去进行研究的。如果世界不是在我们原初的经验中被给予我们的话，是不可能有任何科学活动可言的，因为这将缺乏任何使这些科学得以形成的基础。

这种经验就是我们在作为一般人、带着所谓自然态度时的经验。一般人在世界上是带着自然态度生活的，他们有很多不会轻易动摇的信念，一般人的各种经验乃是前科学的原初经验，被持续而带有和谐性的经验之流给支持着。在自然态度中，就其生活整体来说，自明而真实的世界是持续不断涌现的。由于这些原初经验染上太多文化色彩以及科学色彩了，使得我们难以回到那些经验去。胡塞尔强调，现象学心理学的任务就是借由特定的还原程序离开文化及科学的世界而走向原初经验的世界。

我们所经验的世界在我们的经验中直接呈现出来，是所有其他科学研究共同的基础，也是我们的自然概念和精神概念的共同基础，问题是我们要怎么样才可以接近它？困难在于，我们所谓自然的态度，本身是有歧义的，对它的理解有不同的面向，正面的与负面的，在自然态度里我们对这个世界有一定程度的信任，相对于这个信任，世界本身及其结构会很自然地展现出来。话说回来，自然态度中的“自然”也有比较负面的涵义。它指的是人们受到许多来自传统文化以及现代科学的影响，这时所谓的“自然”主要是指“不加思索，没有太多反思性思考”，我们对世界的经验难免受到文化色彩的影响，在现代文化里面最有支配性的影响非科学莫属。受到科学观念的影响，人们会不自觉用科学的眼光来看这个世界，使得世界无法以原本的样子呈现出来。要让世界如实的展现，所遭遇到的最大困境就是科学文化的阻碍。当人有太多观念架构时，世界便无法如实展现。

我们必须要做到不受这些因素的影响，把这世界本来的样子表现出来。解决问题的方法就是还原。还原把一些信念悬搁起来，让它不妨碍我们回到原初经验去。这些信念主要是指科学和文化所带来的没有经过反思的信念，我们总是相信留传下来的文化是可靠的，科学家传达给我们的讯息是可靠的，都是有助于我们理解这个世界的。借由还原的方法，从受到文化及科学扭曲的情况回到原初的经验去，这便是现象学心理学所要完成的工作。对胡塞尔的现象学心理学有深入研究的柯克曼尔斯（J. Kockelmans）甚至主张，此时所展现的世界乃是胡塞尔晚年所说的生活世界（Lebenswelt），那个在我们原初经验中所展现出来的世界。

世界绝非独立于人的世界，人的经验和这世界之间有着密切关系。现象学还原的目的乃是将此一相互关系，亦即把最原初的意义整个呈现出来。只有当我们了解它原初的样貌时我们才能够知道，文化、科学以及它们所造就出来世界是如何与原初直接的经验息息相关。换言之，直接经验的世界乃是科学探究活动所产生的种种科学概念的基础根源。

经验和世界之间有一种相对应的关系，现象学心理学的工作便是描述世界如何在我们的经验当中呈现出来。任何科学都必须奠定在胡塞尔又称为普遍科学的现象学心理学所描述的世界普遍结构上，这个在我们直接经验中显现出来的世界结构。而人与世界相对应结构无非即是意向性的结构。这部分在前一章节已经阐明。

七、迈向超越理论现象学之路

胡塞尔在《观念》第一卷（1913），提及许多有关从自然态度转变到超越论态度的描述，这是他著名的现象学还原理论。诚如胡塞尔所说，自然态度执着于世界和其中事物的存在，对于科学知识的有效性也深信不疑，这般根深蒂固的想法，胡塞尔所谓自然态度的“一般设定”（Generalthesis）乃是从事现象学思考者所必须避免的，唯有摆脱这种不自觉形成的思想习惯，回到自我的纯粹意识领域，才能作到回归实事自身的要求。我们专注于呈现在意识当中的内容，借此求取事物的本质。

自我（ego），我思（cogito）与所思（cogitatum）三者构成超越论现象学的基本架构，这三者之间的关系，胡塞尔在《笛卡尔式的沉思》(*Cartesianische Meditationen*, 1929）一书作了清楚的阐释：

作为个别类型之形式的最普遍的类型可借由

> 我们的普遍图式，自我—我思—所思（ego-cogito-cogitatum），来表明。与它有所关连的最普遍描述乃是可借由意向性，也就是隶属于它的综合作用等等而被努力说明者。（Hua I，87）

> 自我不只是包含流动着的生命而已，而是作为体验这个或那个的自我，贯穿体验（durchleben）这个或是那个同一个我思的自我。到目前为止在对于意识与对象，我思与所思的意向性关系之分析中，对我们而言只有一种综合作用被突显出来，它把真实的与可能的意识之多样性统合到它的同一对象之上，也就是使得对象成为一个极（Pole），一个综合的单体。现在所出现的是相对于此的第二个极化（Polarisierung），第二种综合作用，它以自己的方式包含我思体验（cogitationes）的特殊多样性，也就是同一个我的多样性，这个我体验了意识的各种活动以及感受，并且经由这些体验与对象的极（Gegenstandspole）有所关连。（Hua I，100）

然而就在胡塞尔撰写《笛卡尔式的沉思》之同时，他也写了一些有关现象学心理学的文章，例如“大英百科全书现象学条目”（Encyclopaedia-Britannica-Artikel，

1927/1928)、“阿姆斯特丹演讲稿”(Amsterdamer Vorträge: Phänomenologische Psychologie, 1928)等等，即便在稍晚所撰写的《危机》(*Die Krisis der Europäischen Wissenschaften und die Transzendentale Phänomenologie*, 1936)，胡塞尔仍然不忘补充说明现象学心理学的涵义。前两篇文章后来收录在1962年所出版的《现象学心理学文集》(*Phänomenologische Psychologie*, Hua IX)，在这本书之中当然主要还包含了胡塞尔在1925年的上课讲稿。当胡塞尔阐述现象学心理学之涵义时，特别区分了现象学心理学与超越论现象学两者的不同，并指出现象学心理学还原并不等同于超越论还原。这个说法明显有别于在《观念》第一卷所作的自然态度与超越论态度的单纯区分。在胡塞尔有关现象学心理学的论述当中他明显的提出了一个介乎自然态度与超越论态度的中间领域，然而它的具体内容是什么呢？

胡塞尔一再强调，超越论现象学乃是现象学的最高部分，“超越论”意指超离这个世界，超离世界并不是与这个世界没有任何关系，而是我们用不一样的方式看这个世界。超越论基本上是一种态度，这个态度造就了超越论的现象学。自然态度表示我们用理所当然的想法来看事情，自然态度对这些想法缺乏反思；相对于不反思的作风，超越论的态度则表现出高度的反思。但是一下子要从与世界非常贴近的存在方式朝具有最高反思精神的超越论态度前进，并不容易，人们往往因为过于艰难而加以排斥，甚至放弃，所以胡塞尔提供另外一条比较平缓的道路——现象学心理学来作弥补。后者基本上也是一种态度，但它比较贴近世界，因而可以被当作超越论态度和自然态度之间的桥梁。和超越论态度相比，它仍算不上哲学的态度；但就它不与世界完全融合在一起来说，也不再是那么缺乏反思的“自然”态度。总之，它处在中介的领域。

换句话说，一般人很难脱离出充满自然态度的想法，胡塞尔认为，要是人们能够先了解现象学心理学，在这个基础上作适当的调整，了解最高的超越论态度就不那么困难。简单说来，当世界变成相对于超越论自我或超越论意识的现象时，超越论现象学的意义就能够被了解了。

胡塞尔坚决主张，就算平常人也是活在超越论自我之中（Hua I，75），超越论自我从没有消失过，只是需要被开发或觉察，而现象学心理学正是提供一般人稳当走向超越论现象学的一条道路。

现象学心理学作为超越论现象学的预备：耿宁（Kern）与黑尔德（Held）的诠释

胡塞尔一再强调，现象学心理学与超越论现象学有所区别，并且前者可被看成后者的预备阶段（propädeutische Vorstufe）。（Hua IX，295）两者之间的关系，借由“还原”概念或许可以说明的更清楚一些。前面提到，胡塞尔在论述现象学心理学的一些文章和讲稿都提到了不同于“超越论现象学还原”（transzendental-phänomenologische Reduktion）的“现象学心理学还原”（phänomenologisch-psychologische Reduktion）。这两个还原有时候不易分别而引起误解，例如胡塞尔在收录于《观念》第三卷（Hua V）的一篇文章《我的纯粹现象学与现象学哲学观念后跋》（*Nachwort zu meinen Ideen zu einer reinen Phänomenologie und phänomenologischen Philosophie*，1930）就特别指出：

> 源自事物的本质普遍而来的重大困难使得我们往往难以理解和掌握超越论现象学以及“描述”或者人们最近常说的“现象学”心理学之间的区别（Hua V，144）

前者是哲学家所从事的工作，他必须将他自己向来习以为常的想法搁置一旁，也就是暂时放弃他作为平常世界中众人之一的那个身份。但是作为心理学家，却没有必要这么做，他们所专注的对象只是活在世界中的人的心理现象，无论这个人是个别的他人、自己或是复数的他人。为了获得这些内在经验，心理学家不免也要执行还原，但这里所悬搁的不是作为哲学思考者所必须放弃的那个自然态度所含藏的种种想法，而是将与被研究的人之意识活动无关的一些想法或概念等等搁置一旁，例如他所经验到的是否真的客观存在，又或者他的意识活动与他的生理结构是否有关等等，也就是避免直接使用客观因素来理解或面对这些意识活动。与之相反，我们只关注于作为被研究对象的人，其意识活动与意识对象之间的关系究竟为何。透过如此这般的还原程序，我们才得以建立自己的研究领域，亦即“内在直观作为心灵自身本质的直观”(Hua V，144)。作为一门本质科学（Wesenswissenschaft），其目标是得出一个心理存在或一个群体的心理存在之内在的不变结构，或者说先天性。

在《大英百科全书现象学条目》一文，胡塞尔虽然提到现象学心理学是经验心理学的基础，但是现象学心理学作为本质心理学与经验心理学一样都是一种科学，它们都还是在自然态度中，所探讨的对象都是世界中的个人或团体之心理现象，都是把研究对象看成是世界中的一分子。胡塞尔说：

> 心理学在其所有经验科学和本质科学中都是"科学"都是在自然观点中的科学，而在自然观点中，始终现存的世界是研究的基础。无论心理学想研究什么，它的对象都出现在这个世界中的心灵和心灵共同体中。（Hua IX，290）

作为现象学心理学方法的现象学心理学还原，它的作用"仅仅在于获得动物实体的心理之物及其纯粹特有本质和其纯粹特有本质性的联系"（Hua IX，290），也就是说，心理学家把"把可能的'心灵'（自我主体）当作是一个可能空间世界中的、始终被视为现存的人和动物。"（Hua IX，290—291）。

超越论还原不同于心理学还原，它要对所有对象领域以及实证科学进行悬搁，心理之物以及相关的心理学也不例外，正如胡塞尔所言，"我们在这里将引入'超越论还原'，它是比心理学还原高一层次的还原，心理学还原是随时都可以进行的，并且同样借助于悬搁来进行的纯化，先天还原则是在此纯化之后进一步的纯化。"（Hua IX，293）也就是它不只要求对这个世界进行普遍的悬搁，也要求把纯粹心灵和与心灵有关的纯粹现象学的心理学放入括号。通过这种方式纯粹的心理现象变成了超越论现象。简言之，心理学家把在世界之内出现的主体性还原为纯粹心灵的主体性，而超越论现象学家则通过他的绝对普遍的悬搁把心理学纯粹的主体性还原成为超越论纯粹的主体性。

现象学心理学与超越论现象学两者之间虽然有所区别，却是也有着平行（Parallele）的关系。胡塞尔的观点是，当我通过彻底的悬搁而将世界，包括我的存在都设定为仅仅是现象，并且探讨对整个世界进行构造的统觉（Apperzeption），尤其是对我的心灵、我的心理感知体验等等进行统觉的意向生活时，则那种心理学的被给予性便会变成我的超越论体验。与此同时，我所有的感知体验内容，其本有特质也完全被保留下来。他说：

> 我们因此看到被执行的现象学心理学与超越论现象学之间的值得注意的平行关系。一方面每一个本质的确定（Feststellung）或是经验的确定都必定互为平行关系。但另一方面这些完全属于理论的内容，当它在自然态度中作为心理学，作为一门实证的科学，一门与先给予的世界息息相关的科学被获取时，它完全是非哲学的，在超越论态度中却也有着“相同”的内容，也就是被理解为超越论现象学，一门哲学的科学。（Hua V，146—47）

平行关系未必表示两者的位阶相同，而是如前所言，现象学心理学是超越论现象学的前阶段或预备阶段，胡塞尔解释理由：

> 超越论的观点意味着一种对整个生活形式的改变，它完全超出了迄今为止的所有生活经验，因此，超越论的观点由于其绝对的陌生性而必定难以被人了解。超越论科学面临的也是同样的情况。现象学心理学尽管相对来说是新的科学，有着新的意向分析方法，却仍具有所有实证科学所具有的那种可接受性。一旦人们哪怕是从其精确严格的观念上理解了现象学心理学，人们便只需弄清超越论哲学问题以及超越论还原的真正意义便可以明了，超越论现象学只是对现象学心理学的学说内容的超越论改造而已。（Hua IX，295—296）

一般人所不容易明白的超越论现象学，在胡塞尔看来可借由现象学心理学的导引而被了解，因为两者有着相同的学说内容，差别仅仅在于反思程度的彻底与否。在此，现象学心理学与超越论现象学之间呈现出一种手段与目的之间的关系，诚如耿宁所言，现象学心理学是迈向超越论还原的途径之一。两者之间的高低阶关系颇受到一些诠释胡塞尔思想学者的重视，底下分别以耿宁与黑尔德的观点作说明：

耿宁在《胡塞尔哲学中迈向超越论现象学还原的三条途径》(*The Three Ways to the Transcendental Phenomenological Reduction in the Philosophy of Edmund Husserl*）这篇著名的文章中指出，胡塞尔在《第一哲学》(*Erste Philosophie*, Hua VIII，1923/1924）之中提到心理学的研究不需要作普遍的还原动作，特定的还原已经足够，也就是“一步一步的把对特定的经验系列中的特定意向对象的存有之兴趣制止下来”(Kern 1977：135）这种片面的还原乃是相对于全面的还原，也就是超越论还原。然而就在一年之后胡塞尔便修正了这项看法，指出即便心理学也需要普遍的还原（Hua VIII，317）那么这两种还原之间存在着什么样的关系呢？耿宁引用《危机》的一段话：

> 因此我想我们惊讶的看见在描述心理学的理念之发展中，也就是在它追求展现心灵的真正本质当中，必然发生一种从现象学的悬搁与还原到超越论的转变。（Hua VI，259）

耿宁置疑借由这种还原迈向超越论还原是否可行，因为依据如此方式所得到的超越论还原到头来很难说不是还停留在心理学的层次，也就是还夹带着世界的性格，而非真正超越了世界。他特别引用胡塞尔来说明：

> 看来超越论哲学还原与普遍的心理学还原之间的真正对立情况似乎并不存在了。（Hua VI，319）

既然类似的想法在《危机》的某些章节呈现出来（Hua VI：261，263，268），耿宁于是不得不怀疑，从现象学心理学还原是否真的可以迈向超越论还原。当然，耿宁也强调，将现象学心理学还原与超越论还原等同起来并非胡塞尔的一贯见解，因为十分明显的，胡塞尔在《大英百科全书现象学条目》一文之草稿中就明白指出两者间的差异。（Hua IX：246—47，Kern 1977：136）

究竟通过现象学心理学还原可不可以达到超越论还原是耿宁所关心的主题，对他而言，现象学心理学只有放在超越论现象学的脉络中才值得关注，同样的情况也出现在Kaus黑尔德对于现象学心理学的处理上。黑尔德在选编《胡塞尔现象学方法教本》（*Edmund Husserl*：*Die*

Phänomenologische Methode，Ausgewählte Texte I，1991）一书时，特地将《大英百科全书现象学条目》一文选入其中。在前言介绍的部分，他提道：

> 在20年代胡塞尔发展出一条迈向还原之路，也就是在本书的大英百科全书的现象学条目一文所呈现出来的那样。这是经由现象学心理学的一条路。它是超越论现象学的预备，在此之中意识仍然是以世俗的样子被掌握。（Held 1991：48）
>
> 这个内省的本质心理学对于胡塞尔而言有着两个功能：它一方面是所有经验心理学的先天基础……另一方面它则是超越论现象学的前阶段（Vorstufe）。（Held 1991：48）

尽管黑尔德并不像耿宁一样去检讨胡塞尔在现象学心理学与超越论现象学关系的看法上所具有的分歧性与可能含藏之问题，耿宁的基本看法在黑尔德终究是得到响应的。这两位学者都把现象学心理学定位在与超越论现象学的关系中，至于这门学问本身所具有的内在意义则是被他们所忽略了。究竟胡塞尔本人是怎么看现象学心理学呢？我们已经知道，他为了经验心理学未能寻得研究问题的根基而提出作为心理学之先天基础的本质心理学，也就是它所称的现象学心理学或是描述心理学。但是他所谓的心理学并不只是今天我们所认识的狭义的心理学，而是凡内在于被研究者意识当中的内容都是此一类型的心理学所要研究的对象，如此一来，举凡社会、艺术、宗教等领域，只要牵涉到主观意义、价值及事实或默认等现象都包含在内，简言之，只要是人文社会现象无非都是此一心理学所含括的。如此一来，我们便不得不问，胡塞尔是怎么看人文社会以及文化、历史、精神方面的问题呢？他之所以殚精竭虑，反复再三的申论现象学心理学的种种，理由何在？

现象学心理学只是超越论现象学的预备吗？从《观念》第二卷的“人格态度”谈起。

上一节我们看到胡塞尔在许多章节强调现象学心理学可作为超越论心理学的预备。耿宁等人也多从这个角度看胡塞尔的现象学心理学，然而难道现象学心理学没有自己独立的价值吗？这个问题我想借由胡塞尔在《观念》第二卷所提出的“人格态度”与精神世界构成之问题来作一些思考。

所谓“人格态度”依胡塞尔的观点乃是人们在平常生活中所采取的态度，而它的核心则是“人格”（Person）或“人格自我”（personales Ich）这个概念。“人格”或“人格自我”并非孤立的意识主体，它而是与周遭世界（Umwelt）有着密不可分的关系。（Ideen II，185）此周遭世界并非物理实在（physische Wirklichkeit），它不是物理学意义的世界概念，亦即平常生活中的周遭世界是一个“为己”（für sich）而非“在己”（an sich）的世界，也就是这个周遭世界总是某个人格自我的世界。

人格自我对待事物的态度与采取自然科学态度者对待事物的态度大不相同。基于自然科学的观点，我们也许会说周遭世界中的事物对我们产生刺激（Reize），而我们作为具有神经系统的存在者则会对外在刺激有所反应。胡塞尔认为“刺激”这样的概念并不适合用来说明人格自我与周遭世界的关系。适切的说法应该是二者之间有着“动机关系”（Motivationsbeziehung）（Ideen II，189）；周遭世界的事物引起主体的注意，或是由于实用性，或是由于给人带来愉悦的感觉，而使得主体对它们有欲求的动机（当然相反的情况也是可能发生的，人们也会有逃避闪躲某些事物的动机）。人格态度基于动机往往与行动有关，胡塞尔因此又将这种态度称为“动机态度”（Motivationseinstellung）或

“实践态度”(praktische Einstellung)(Ideen II，190)。

人格自我在周遭世界中不只遇见事物而且还遇见别的人格自我。他们如同自己也是周遭世界的主体，也与周遭世界的事物以动机关连性的方式互动着。这些别人并不被我视为拥有精神的肉体(或者说他们的精神奠基在肉体之上)。如果这么做的话，便将他们看作与一般事物无异，而不把他们当作具有人格的人来对待，这种不把人当人看的态度，胡塞尔说，就是把人逐出了“道德社群”(moralischer Verbande)“法律社群”(Rechtsverbande) 或“人格社群”(Personenverband)。

以人格态度理解或经验他人时，他人被视为“人格主体”。此一主体与周遭世界的事物有关，这些事物有些固然专属个人，更多却是与他人共享，例如大地、天空、森林、学校的教室、美术馆的图画等等。换言之，我们拥有“共同的周遭世界”。(Hua IV：191) 不同的人格自我之间不是只有单方面的“理解和被理解关系”，而是双方面有着互动的关系，彼此之间构成了所谓的“交互关系”。基于这种交互关系形成了所谓的“沟通的周遭世界”(kommunikative Umwelt)。(Hua IV：193)

对胡塞尔而言，人的态度是理解人及其种种文化精神表现的态度。相对于此，自然主义态度将存有、实在与自然等同起来，使得人的精神、观念等都被自然化了。如前所述，将人视为自然界之存有的看法本身不是问题所在。胡塞尔所在意的而是将这种观点绝对化之后，人文精神现象便无法被适当的理解。

然而自然主义态度和人格态度两者之间是否全然没有关连或甚至互相排斥呢？首先胡塞尔指出这两种态度并非平行并立的，就人格态度而言，它总是指向具体的实在，没有所谓抽象或所谓绝对化的问题。在这个意义底下，胡塞尔主张人格态度在存在论的次序上优先于自然主义态度。当然这种优先性也只是相对的。如果从自然态度及超越论态度的脉络来看，人的态度无论如何也不过是自然态度的一种，人文社会科学无论如何仍然只是研究特定对象的科学。亦即人文社会科学本身并无法说明它自己和自然科学之间的关系，胡塞尔认为这是“超越论现象学”的工作。于超越论态度中我们明白不同的存在领域（物质自然、生命界、人文精神世界）乃是相应的不同学科（自然科学、人文社会科学）所研究的对象，而这些不同的学科则又分别奠基于不同的态度。胡塞尔指出，于超越论态度中我们可以轻易地在这些不同态度间进行转换。“态度的转换”所意味的是：题旨性的从一个观点转到另一个，而同时它们相对应的不同对象也随着改变。（Hua IV：210）

胡塞尔不认为自然科学与真实生活脱节乃至于和它相敌对的情形可以用非理性哲学来克服。相反的，我们应该发展对人文精神世界有适当理解能力的科学。也就是以人格态度为基础的人文社会科学（Geisteswissenschaft）。

胡塞尔于一篇处理伦理学问题的讲稿（1920）中将人文社会科学界定为“关于精神主体和精神客体之科学，亦即关于人文世界及其表现之科学”（Melle 1996：27）。根据这个定义，研究个体心理的心理学，研究社会及其相关结构之社会心理学，研究精神外在表现如语言、艺术、文学、宗教、经济、科技等相关科学都包括在人文社会科学的范围之内 。基本上它牵涉到胡塞尔所谓与精神现象有关的“部分存在论”（Teilontologie，或称材质存在论（materiale Ontologie））。胡塞尔有时直接称呼人格态度为“人文社会科学态度”（geisteswissenschaftliche Einstellung），（Hua IV：180）它以经验及解释人文精神现象为目标；在这种态度之中只存在着有用无用或有价值无价值之物，而没有自然科学家眼中的“自然之物”。胡塞尔强调，采取自然主义态度的结果是使得人文精神现象隐而不显，自然主义态度对他而言是一种“人格我的自我遗忘”（Selbstvergessenheit des personalen Ich）。胡塞尔说：

自然主义态度奠定在人的态度之上，而且是经由抽象过程，亦即人文我的自我遗忘过程才得以将世界及自然以不合理的方式加以绝对化。（Hua IV：183ff.）

这意味着自然主义态度是继起的，它是在人格自我被遗忘，亦即人格态度被搁置一旁时才可能出现。基于此，胡塞尔主张在存在论的次序上人格态度优先于自然主义态度。

胡塞尔强调，如果我们从自然主义态度出发，则这个世界便呈现为物理的、生物的自然世界。但是这种世界实在性并非“被前给与的”（vorgegeben）。反之，在日常生活世界中透过人格态度所呈现的世界才是被前给与的。这个观点表现在《欧洲学术危机与超越论现象学》论近代自然科学与生活世界之关系时尤为显著。此外胡塞尔主张，无论是人文精神世界或者生活世界本身除了是价值世界及实用世界之外也是一个知识的世界。这种知识乃是关于单纯知觉经验的知识，在此经验中所呈现的知觉表象是精神、文化等描述词得以确立的基本条件，也是自然科学所研究的对象。胡塞尔说：

这个世界就其核心而言（einem Kern nach）首先乃

是在感官中所呈现的世界，所以也可以标示为“现前世界”(vorhandene Welt)。是在单纯的直观经验中被给予而且被及时掌握到的。(Hua IV：186)

作为周遭世界之基础的“现前世界”并非物理实在，亦即它不是物理学所建构出来的意义内容（Sinnesgehalt）。一个人可能对物理学的概念或建构内容一无所知，但是他却不会对此一现前世界没有体会。胡塞尔将此一现前世界又称为“同一的时空真实世界”(die identische raumzeitliche Realitätenwelt)。(Hua IV：370) 为了呈现它我们必须回到原初的直观经验去，胡塞尔强调“在此一经验世界的基础上，自我可以在新的活动之中与评价活动、情绪活动等等相关连”。(Hua IV：186) 这也就是前面所说的，纯粹直观表象是精神、文化等描述词得以确立的基本条件。

依胡塞尔的观点，人格态度与自然主义态度的区别就是人文社会科学与自然科学之间的区别。前者研究人文精神现象，反对将一切存有化约为自然存在；后者研究自然现象，并倾向于将一切现象（包括人文精神现象）加以自然化。胡塞尔视前者为原初之态度，后者为继起之态度。

之前我们已经指出人格态度仍是自然态度而非超越论态度。为了突显这点，胡塞尔甚至强调人格态度是自然而然的（natürlich），而自然主义态度则是人为的（künstlich）。（Hua IV：183）此外胡塞尔还主张，只有经由超越论态度，人们才可以进入不同的态度当中，深入体会各种存在领域（Seinsregion）所赖以建立的主体条件。换言之，人格态度之为人格态度，自然主义态度之为自然主义态度唯有透过现象学家的超越反思才得以透显出来。这是因为回到纯粹意识领域，我们才可以如前所述“轻易的”进行态度间的转移。一个停留在自然态度中的人是无法看清各种存在领域与其所赖以建立的主体条件之间的相对应（korrelativ）关系的。（Hua IV：180）我们因此可以清楚地看到人格态度仍是一种自然态度，而对于人格态度之厘清则有赖于超越论态度。然而除此之外人格态度和超越论态度之间似乎还有一些密切的关连性，胡塞尔说：

> 每一个纯粹自我……每一个成熟发展者都以这种方式理解自己，亦即把自己视为人格（Person）。（Hua IV：326）

无论是人格态度之中的人格自我或者是超越论态度之中的纯粹自我（reines Ich），本质上都指向了精神层面的活动，所以有着相近之处。职是之故，利科（Paul Ricoeur）

在诠释胡塞尔之人格态度时，特别强调了人格态度作为超越论态度和自然主义态度之间的中介角色。(Ricoeur 1967：68)其他学者亦指出人文社会科学其实已经接近所谓的“俗世现象学”(mundane phenomenology)。(Melle 1996：33)

依此看来，人格态度和人文社会科学对胡塞尔而言似乎具有相当特别的地位。胡塞尔在晚期的《危机》之中明白指出生活世界是超越论现象学的导引线索(Leitfaden)，亦即进入超越论现象学之门。反过来说，唯有超越论现象学才能真正的阐明“生活世界存有学”(Ontologie der Lebenswelt)。(Hua VI：176 ff.)经由这点我们更加明白人格态度和超越论态度之间的密切关系。也许我们未尝不可以进一步诠释，如果自然主义态度塑造了“纯自然”(reine Natur)，则在人格态度中人格自我是接近于超越论的纯粹自我(reines Ich)。

尽管如此，人格自我与纯粹自我仍是不同的。后者是进行反思活动的自我，它不具有任何经验上的“真实性质”，亦即与在感官经验中呈现的自然界事物无关。纯粹自我不具备这种特性，人格自我则是如此，因为人格自我乃是“与周遭世界的真实情况有关的具同一性而真实的自我主体”，(Hua IV：327)胡塞尔论述人格自我时，偶尔使用“我活着，我承受这，承受那”(ich lebe，ich leide)等字眼来加以描述便是证明。（Hua IV：247）除此之外，它还在“沟通的周遭世界”中与其他众多的人格自我进行互动：它了解别人，也被别人所了解。总之，它是经验上的真实世界之一分子。

经由以上说明可知，胡塞尔一方面说人格态度属于自然态度，但另一方面又指出人格态度与超越论态度之间有着内在的亲近性；此一情况显然与现象学心理学的处境十分类似，它既是属于自然态度，但又是作为超越论现象学的预备，两者所面对的可以说都是自然态度与超越论态度之间的灰色地带，从《观念》第二卷到现象学心理学，我们都看到了胡塞尔不断努力地去阐明它。职是之故，胡塞尔有关现象学心理学的论述不应该如耿宁等人所见，仅仅作为超越论现象学的预备而已，在胡塞尔的思想中它是具有独立的价值与意义的。

八、现象学与生活

现象学与生活，胡塞尔会怎样看两者之间的关系?首先，这里涉及翻译的问题。“生活”这个词在德文中是“Leben”、英文为“life”、法文为“la vie”，这个词译成中文时有几种可能性，最简单的至少有两种：一是“生活”，另一为“生命”。我曾疑惑为什么“Leben”等单词要翻译成“生活”，为什么不是“生命”。然而，在19世纪的狄尔泰或者是博格森那里，几乎没有人翻译成“生活哲学”，而都是“生命哲学”。这是为什么呢?它们对应的是同一个西方语词，但是大家却约定俗成地将它们分开来了。在我们接受这些汉语表述的时候，事实上，这中间存在一种语言使用上的转化。这种转化并不是没有意义的，有时候可能有丰富的意涵寓于其中。当然我不确定的是，当人们将“la vie”或者“life”翻译成“生活”或者“生命”的时候是不是可以给我们带来一些新的思考。然而很明显的是，当我们使用不同的语言、字词或概念的时候，我们思考的方向会有不一样的发展。所以，让我们先做一个简单的区分。

生命偏向自然，包括人的生活、饮食等，是与自然生命相关的，这是不容否认的事实。生活，则多了一些内涵，包括文化、社会之类构成我们日常生活的基本内容。简而言之，两者还是可以区分的。同时，两者也有共同点，我将之归纳为：素朴性。素朴性是缺乏反思的，即便有，也仅只是低程度的反思，胡塞尔称之为自然的反思，意指虽有反思但简单而自然。例如，一个人做错了事情，会问为什么，会去做检讨，而一旦这个情况解除了，反思也就停止了，然后就继续往前推进，这就是日常生活大部分的形态。但哲学不是这样，它需要极为深刻的反思。胡塞尔强调后一种形态的反思，他称之为现象学的反思。现在的问题在于，我们面对不具有太多反思形态的生活本身，要对它做出怎样的评价？很简单的一个问题便是，素朴的生活是一种好的情况还是不好的？我们要拥抱它还是加以排斥？下文论述的重点是，胡塞尔的思想同时包含了这两部分。

现象学态度与自然态度

通常我们一谈到现象学的态度就会将其与自然态度区

分开来，意思就是要摆脱后者对我们的影响。这是胡塞尔在超越论的转向之后提出的一个现象学的观点，其中所发展出来的方法，一般简称为现象学方法。这是在1905年开始慢慢成熟，到1913年胡塞尔在《观念》第一卷里面正式提出的。在这里大家发现了一个新的胡塞尔，他自己称之为“笛卡尔之路”。他重视还原，而且是彻底的还原，也就是超越论的还原。但他在20世纪20年代又发展出了现象学的心理学这个新的领域，这部分是很多胡塞尔专家比较不关注的一种现象学，到目前为止仍然普遍被忽视。这和发展于20世纪30年代的“生活世界”概念很不相同。“生活世界”这个词变成了十分普遍的用语，即使不懂哲学的人也可能用到它。

从胡塞尔本人的立场来说，他的哲学是有最后归宿的。走到底都是彻底的反思，而也只有一种途径可以达到彻底的反思，那就是超越论的转向。“笛卡尔之路”可被比喻成：人们面对悬崖进行攀岩动作，直接一路上去到达顶点。但如果走的是现象学的心理学之路或生活世界之路的话，那就是走缓坡，速度虽然慢，但最后还是达到顶点。这个顶点是胡塞尔心目中最后的目的地。在他的著作中往往会出现作为最后归宿的哲学反思，不能停在半路，一定要继续前进才行。他认为这就是哲学的精髓所在。哲学无非就是超越论的现象学，其他类型的现象学都没有资格被当作哲学；现象学的心理学也算不上是哲学，在这里它是被贬低的。

胡塞尔曾经因为超越论的现象学而受到批判，也因为如此，后胡塞尔的现象学家多数不愿意追随他的超越论之路，甚至将胡塞尔塑造成不食人间烟火的形象，远离世界，高高在上，精神境界虽高，却脱离现实生命。在此值得提出的问题是：胡塞尔的现象学是否只有超越论的现象学？过去二十多年来，学界多少已经形成另一种气候。《另类胡塞尔》（*The Other Husserl*）一书的作者道恩·威尔顿（Donn Welton）便强力主张胡塞尔有另一种形象值得探究。丹麦学者丹·扎哈维（Dan Zahavi）认为，胡塞尔的现象学不仅是超越论的现象学，更是交互主体性现象学（phenomenology of intersubjectivity）。

为什么另类的胡塞尔特别值得一提呢？因为超越论现象学遇到的瓶颈很不容易克服，问题在于，不论是意识领域还是胡塞尔自己强调的超越论的自我，在脱离世界之后如何回到世界，即如何成为一个有肉身的存在，如何成为世界中的一个成员——属于众人之中的，没有脱离众人的成员。在超越论的现象学里，让不食人间烟火的人回归到人间这一过程十分困难。胡塞尔在超越论现象学里使尽各种办法来论述这个问题，以便与世界重新建立关系，但是到最后仍是一个很费解、很困难的问题。这个问题之所以产生，原因在于现象学与生活的关系没能被适当地厘清。换言之，现象学和自然态度之间的关系显得非常关键，这一点不解释清楚的话，超越论主体与现实世界之间如何建立关系的问题无论如何也不容易说清楚。如果我们的焦点不是放在超越论现象学而是现象学的心理学的话，超越论主体与现实世界之间的紧张程度或许可以有某种程度的缓解。这是另一条阅读胡塞尔现象学的道路。

现象学和现实世界之间并非全然都是对立的关系，还有一种非对立的关系，有一种既脱离又不脱离的状态。脱离就是现象学，不脱离就是自然态度。大部分阅读胡塞尔的人都认为这没什么价值而不去理睬，认为这不过是自然态度另一种类型而已。不容否认，这确实和自然态度的关系很近，但区别仍然还是存在的。自然态度和关于现象学的自然态度毕竟有所不同。前一种完全没有反思，后一种是有反思的，因为已经加入了现象学，只不过还达不到绝对的、彻底的反思程度，所以不是一种超越论现象学的反思，而是一种现象学心理学的反思。因为它是反思，所以就不再是自然态度，这一点不能不加以强调。

现象学心理学的特质在于它不同于我们一般所理解的

经验心理学，它的重点在于：胡塞尔认为心理现象最主要的部分在于意向性。这样的现象学心理学是先天的，是本质的、直觉的、纯粹的描述心理学，这是其基本特质。总的来说，它就是以讨论什么叫做意向性为中心的学问，但是现象学毕竟不是只有现象学心理学，它还有胡塞尔更重视的超越论的现象学。所以相对来讲，现象学心理学与超越论的现象学有所区别，主要的根据就是：前者还停留在自然态度之中，后者则已经完全脱离了自然态度。一谈到自然态度，又要提到现象学——特别是现象学心理学，这里面就有很多需要厘清的东西，要专门谈自然态度与还原之间的关系。现象学心理学的确是现象学，经过还原它是要脱离自然态度的；可是另一方面，胡塞尔却又强调这门学问与自然态度之间不是完全的脱离关系，在这种意义上，它仍停留在自然态度之内。如前所言，自然态度一般的特性就是：它没有太多的想法，是很直接的，只有经过还原之后其眼光才有所调整，调整之后，胡塞尔要研究的就是心理现象不可或缺的那一部分——意向性，即是其本质所在。意向性是展现于生活在世界中的一般人之心理现象上的，这时候的意向性还不是在哲学家的意识活动所展现出来的意向性，而是在一般人身上展现出来的，所以那箭头是向外瞄准的而不是向自己瞄准的。这就是说，现象学心理学是要描述一般人如何面对世界的种种事情，它是在世俗性当中去理解他们心灵的本质结构，而不是哲学家孤独的沉思性心灵。前者成就的是现象学心理学的工作，后者成就的则是超越论现象学的工作。总之，现象学心理学所做的就是研究活在世界上的人的心灵，而不是某种超越世界的心灵。不论是内在于世界的心灵还是超越世界的意识，它们同样都具有意向性的结构，也就是说，经验与被经验的世界具有一种对应的关联性。这个问题为什么那么重要？为什么现象学心理学值得我们去研究和探讨呢？其关键在于，所有的人文学科、社会科学的研究都必须要回到这一底层的部分去，以它作为最终的基础——这就是意向性的重要之处。现象学心理学所探讨的无非就是这个部分，它针对心灵的根本特质去进行本质上的了解，进而做本质描述。

意向性与原初被经验的世界

胡塞尔用现象学心理学对人怎么存活于世界进行描述。世界是怎样的一种存在呢？这个世界从来不是作为纯物质性的世界，相反地，它关联于主体。胡塞尔将这样一个世界描绘为周遭世界（Umwelt）。这是经验的一个前科学、前理论的世界，它涉及主观方面。即使每个主观经验都有其特定的、具体的内容，它仍然包含了稳定的意义，即世界中的不变者（das Invariante）。胡塞尔的现象学心理学的目的，恰恰要对世界中不变的东西进行描述。只要它涉及主观，便不乏心灵或精神的层面。世界从来都不是独立于作为精神或心灵存在的人的经验，我们所遇到的事物从来都不只是自然的材料，而是始终涉及某种超出纯粹自然的意义，遑论我们所遇到的人。作为世间我（Mensch-Ich）的我生活在世界上，与各种事物产生关联并和其他人产生互动。这是人文社会科学所要处理的个人生活在他周围的、文化的世界。在这种情况下，人的周围事物都是富有意义的。胡塞尔甚至注意到个人与其对象之间有相互交织的关系。简言之，基于某些用途或目的，事物的意义和价值故而产生，文化之物（Kulturobjekt）也因此形成。

除此之外，世界的概念还可以从前理论、前科学这方面去加以探讨。胡塞尔在讨论这个问题时是从什么样的问题出发呢？无非就是说我们怎样去理解自然与精神？自然与精神在这里是胡塞尔的用法，在一般的语言脉络里它指的无非就是心与物，自然就是物的方面，精神就是心的方面。根据二元论的思想，我们通常会理所当然地认为这两方面是各自独立的，但是胡塞尔对这样的一种想法是有所质疑的：这两种概念本身事实上是理论建构的结果，是我们基于某种思考架构所产生的一种结果。在这样的认知之下，我们可以问：在这些理论所形成的概念之前是不是有一种前理论的部分？胡塞尔在这里提供的答案如下：如果自然与精神不是处在最初的阶段，即作为我们思考问题的绝对起点的话，那么之前是什么呢？无非就是，在我们进行理论性的思考之前，我们是有着一些前理论的经验的。而展现这些前理论的经验并不是一般科学所能办到的，它是哲学的专长。胡塞尔认为，他的现象学是能够帮助我们完成这样一种工作，所以当我们对精神或自然这样的概念进行描述的时候，我们就非常有机会回到前科学的世界去。他的论点是：在我们进行任何科学活动之前，这个世界已经在我们的直接经验或原初的经验中被给予我们、被我们所经验。任何科学思考研究都和我们在这个世界的原初经验有着相互的关系的，或是说，一者是奠定于另一者的基础上。当然，这里所说的前科学的部分是更为根本的。如果世界不是在我们的原初经验中被给予的，那么事实上我们也就没有任何科学活动，因为我们缺乏任何科学活动的基础。概念毕竟不是最原初的，因为它们是经过我们理论思考产生的结果，更不用说是科学思考的结果。在它们之前总有一些经验是更原初地摆在那个地方或是说被给予的。胡塞尔会认为，世界就是那个样子，然后它不断呈现给我们。这种前理论原初经验的世界从来没有中断过，它是和谐的经验之流，经验所到之处就是世界所到之处。这样一种经验是有衔接性的，它不会莫名其妙地产生断裂。

值得一提的是，这样的一种经验是作为一般人，特别是自然态度下的一种经验，通常这种经验会被认为是没什么好说的、没什么可值得注意的，因为它实在是太琐碎了。作为带着自然态度的一般人的信念就是这个样子，人们对很多想法是有着非常坚定的信念，这些信念在他们那里作为前科学的原初经验被给予的，它是具有持续性的，这就是自然态度的特性。所以，胡塞尔一方面对于自然态度保持非常有距离的态度，另一方面却又把自然态度拉回来当作很重要的东西，即作为前理论的、前科学的原初经验。

胡塞尔认为，这些原初经验染上了太多文化色彩或科学色彩，所以它（文化、科学）妨碍我们回到那些（原初）经验去。科学色彩是大家比较容易了解的，胡塞尔在1936年《欧洲科学的危机与超越论的现象学》这本书里面也谈到，我们身为现代人在面对世界的时候往往带着太多科学的概念，我们的世界本来是自然地被给予我们的，我们原本跟世界处在水乳交融的关系中，可是科学把我们与这个世界的密切关系给拆散开了。现象学看到了问题，所以想办法要把原初经验找回来，而它所进行的方式就是操作还原。还原就是把原本存在于我们思想中的概念性的架构暂时搁置一边，让它不要影响我们回到原初的经验去；而现象学心理学在此正好是扮演这样的角色，帮助我们透过特定的还原程序离开文化的世界。这里所谓文化的世界通常是指那些背后以科学为主的概念体系。近代以来科学文化太过发达，发达的结果就是当我们面对周遭事物的时候，脑海里浮现一大堆的数字，仿佛没有这些客观的数据我们就对这个世界失去了信心。我们跟这世界本来是水乳交融打成一片，很多抽象性的东西介入之后，我们反而跟这个世界有了距离，世界突然间显得很陌生，这是西方从近代科学发达以来所面临的困境。除此之外我们也知道文化世界里面还有其他层面的东西会妨碍我们回到原初经验去。我们从小就生活在一些特定的规范里面，这些规范原本的出发点也许都是好的，但是僵化以后它就会把生命束缚住。例如中国传统的礼教是典型的文化产物，当它变成僵硬的文化表现时候，便把我们带离原初经验。现象学的可贵之处就是让我们反思，把我们从这些根深蒂固的观念架构里带出来，回到原初经验。很多的现象学家都在努力说明原初经验的样子，如海德格尔就主张，存在（Sein）是原初的、活泼的律动，存在物（das Seiende）则是一个被我们确立、物化的东西。这组概念多多少少也响应了胡塞尔所要表达的原初经验，以及把我们带离原初经验的思想框架二者之间的对比。

所谓自然态度，从上面的叙述看来有两个层面，应该把它分清楚。一方面是根据我们刚才提到的原初经验以及通过原初经验所展现出来的世界，它跟自然态度是息息相关的；自然态度本身已经蕴含了丰富的宝藏，它是需要我们去挖掘出来的，如果没有自然态度，那就等于什么都是空的。另一方面，自然态度也有相当负面的部分，也就是说，它有可能是代表着我们的文化、科学累积下来的东西所变成的束缚在我们身上的枷锁，这时候的自然态度就是非常负面的，它没有足够的反思。我们过多地让自己活在既有的思想框架底下，而不知道要去反思这些框架对我们所造成的影响。因此，所谓的自然态度是富有歧义的，最起码有这两种不同的意思，有必要说明清楚。如果我们把自然态度当成负面的，在它对我们构成阻碍的时候，我们就需要透过还原的方法把一些信念悬搁出来，让它不要妨碍我们回到原初经验去。因为，在这样的信念中，我们总是在不反思的情况下相信遗留下来的文化都是有道理的，只要照着规范所提供的指导，我们好像就完成了任务；我们也相信科学家们研究出来的结果也都是可信的，好像我们对这个世界的了解只要依赖他们就够了。这些都属于一般人的想法，然而，现象学就是要挑战这些人的想法，要再多一点反思的态度——胡塞尔进一步说，这样才是对自己的生命负责任的表现。胡塞尔的哲学讲到最后也就是自由与责任的问题。我们的自由就在于我们的选择，我们选择要活在框架里还是对这些框架加以反思，去问我们有没有另外一种可能性或机会。如果机会永远是存在的，那么就要看我们愿不愿意去承担这个责任。胡塞尔在这个问题上透过超越论现象学表现出了高超的伦理思维。我们在这世界上应该怎么活？应该如何作为一个人活在这世界上？胡塞尔的答案就是：做一个超越论的哲学家、现象学家。他的《笛卡尔式的沉思》到最后得出的结论是：回到自身去吧。

这个原初被经验的世界的概念与其晚年的“生活世界”可以说是一致的，柯克尔曼斯（Kockelmans）曾明白地指出这一点：胡塞尔 1925 年所谈的经验世界的概念事实上是后来的生活世界发展的源头。总而言之，世界和世界经验是不分的，世界就是我们一般所说的心物二分中物的部分，而世界经验就是心的部分。传统的心物二分的理论是先肯定心和物处于两个不同的领域，然后笛卡尔才问心物之间的桥梁要怎么搭起；但是在胡塞尔那里，既然不是先肯定心与物是两个不同的领域，就没有这个问题，因为唯一剩下的就是意向性。意向性就是居中者——但事实上它也没有居中，因为只有先肯定两端才有中间，若未先肯定两端也就没有中间可言了。总之，问题最后只剩下一个，就是意向性。意向性的两面是意识活动（noesis）与意识对象（noema），一面是世界的经验，而另一面就是世界。世界跟我们的经验是融为一体的，人所经验的世界就是人的世界，人的世界就是人所经验的世界。这就是胡塞尔的现象学透过意向性所要表达的思想。他的意向性概念开创的是一套新的论述，因为心物二分的架构是万万不能接受的。胡塞尔不承认客观的世界具有存在论上的优先性，因为它事实上是自然科学家所建构出来的世界。我们通常会认为，世界这么大，而个人只是渺小的存在，我也是人，所以我也是渺小的存在。在这样的思维方式里，客观的世界具有存在论上的优先地位。作为一般人，我们不知不觉地接受了这类的想法，而现象学的思维方式提醒我们：如果要讨论这些相关的议题，就必须先把科学家提供给我们的那些想法放一边，让我们从零开始。这时候我们唯一的起点就是胡塞尔通过还原所得出的——意识。

在这一点上，胡塞尔恰恰是响应了笛卡尔的思考模式，认同笛卡尔的观点，但除此之外他就一路批判笛卡尔。世界的面貌永远是相对于我们对世界经验的呈现，世界与我们对于世界的经验是一体两面的。现象学心理学的重要性在于，世界是相对于我们的经验来说的，而面对世界的则无非是这个意识。意识与其对象的意向性关系中，经验世界的意识意向的是世界，世界并不是独立于人的世界。如果我们肯定独立于人的世界，那它就是所谓的客观的世界本身。这种世界图像很明显忽略掉人的经验与世界之间的密切关系，而现象学还原的目的就是要把我们思想里面所包含的这些东西都暂时放一边。在这种情况之下，试图把最原初的意义（原初经验）展现出来，我们才能意识到在我们身上所继承的这些文化、所学到的科学概念以及它们所造就的世界是怎么一回事；在这样的情况之下，我们不会无条件地接受这些思想的框架，这才是自由与责任的表现。对胡塞尔来说，直接被经验的世界才是真正客观的世界的基础，真正自在的世界是科学家建构出来的世界。前者（直接经验的世界）是根源，后者是衍生出来的结果。

原初而直接被经验的世界有它不可怀疑的确定性，其普遍结构是其他结构的理论基础，我们只要回到了原初世界，那就不只具有不可怀疑的确定性，还有所谓的世界的真理。真理性意味我们所要回去的世界不是没有内容的世界，它是有真理在里面的，基于这种世界的真理我们才可以进行其他知识的活动，而这些其他的科学也可以回到最初的经验而得到证实。

总而言之，现象学就是在描述经验与世界之间的相应处，特别是现象学心理学，要对之进行本质的、普遍的描述。在此之后则有更高等级的超越论的现象学，这门学问可谓是现象学最高的部分，它是脱离世界的，但脱离并不表示跟世界没有任何关系，它还是跟我们的意识有所关联，但已经脱离了我们一般在自然态度里面所肯定的对世界的看法。换句话说，我们已经用不一样的方式在看这个世界，所以说超越论基本上就是一种采用超越的方式看这个世界的态度。它尤其是与自然态度相对照的：自然态度就是用理所当然的角度来看这个世界，其中没有太多的反思，而超越论的态度则表现出高度的反思。

作为迈向超越论现象学的现象学心理学之路

超越论现象学常常让人觉得很为难，可是胡塞尔说，如果我们不要走那么陡的路，那就是走自然态度之路。胡塞尔希望所有人都能成为超越论的现象学家，这是他的理想，他认为人就是要走到这里，借助笛卡尔式的反思，他认为这是一个可能的做法。后来他发现这种做法难度太高，超越论现象学要求一次到位，就如同前文提到，面对陡峭悬崖进行攀岩动作或拉着绳索一路直上。难度太高的结果是可能会引起反感，所以现象学心理学就是相对缓和的一条路——让人们先有些反思，再通过初步的反思进一步爬到最高的位置，这个时候还是有机会成就超越的境界。所以，现象学心理学在这一步又多了这样一个功能，即它提供了把我们带到最高境界的途径。胡塞尔念兹在兹希望他的超越论现象学能够广泛被人接受，但因为难度太高，所以他又提供了一个平民化的途径。只要我们来到现象学心理学的层次，然后再做适度的调整，我们就能达到最高的超越论的态度。胡塞尔体认到，自然态度对于意识有一种偏见，就是把意识看作世界的一个小末梢。意识在这种情况之下被压缩了，压缩成世界的一小部分，而客观的世界本身总被看作是具有优先地位的，这样的世界出于科学家的建构，被认为是独立存在的。在胡塞尔看来，这样的想法大有问题，他要颠覆这样的想法，指出它无非是我们在自然态度中的看法而已。他主张意识反倒是优先的，在这情况之下，胡塞尔就被看作是一个观念论者，不过他认为其观念论比传统的观念论来得激进，因为他找到了最原初、最根源的部分。为了了解其含义，让我们再简单回顾他的思想发展：他早期的哲学致力于追求客观性，肯定了现象学最主要的工作就是如何说明客观性，可是在肯定客观性的同时他又确立人的意识活动是不可或缺的，所以他进而主张，一方面客观性是绝对必要的，另一方面它不是独立于意识而是奠定在意识的基础上。换句话说，讲客观的时候不能脱离主观、讲主观的时候又会牵涉到客观。总而言之，我们不要把这个世界的客观存在当作我们的思考问题的起点，而是要把起点放在意识上面，对超越论现象学来讲，就是放在超越意识之上，或者说，它是基于意识而构造出来的。

胡塞尔说到世界的时候常常用到视域，视域有内外之分，现象学要的是从人们自己的角度来看，我们看不到世界的边，因为这个边会无限后退，而在这个意义上，视域就是地平线，地平线就是我们世界的最大范围。所以，现象学谈问题的时候不是从特定的科学架构来谈，而是把我们放在中间的位置来讨论问题。接下来就是在世界中的自我与纯粹自我。在世界中的自我是现象学心理学要谈的东西，而纯粹自我是超越论现象学要谈的。这里胡塞尔有一个论证：不管如何把自我对象化，作为思考的对象，会发现永远无法穷尽它，也就是说，在对象化的同时总会意识到有一个在正在进行思想者，而且越是想穷尽它就越被迫去肯定正在从事思考这回事。这是笛卡尔所提出来的论证。在这个情况之下我们会发现总是有一些残余，这个残余是我们否认不了的，这也是为什么意识是作为我们最终根源的主要理由。这种自我在超越论现象学那里是作为世界的中心，但后来在胡塞尔的现象学心理学的论述里自我就变成了在世界中的我。在世界中的我有两个向度：一方面，自我是有身体的，所以是空间性的存在；另一方面，它是具有历史向度的，在特定的时间点上，它作为一个特定的存在，其上累积了很多过去所留下来的痕迹，这些痕迹日积月累就变为其人格特质的存在。这就是为什么发生现象学的方法与现象学心理学是息息相关的，因为它们所面对的自我都是在世界中的自我。胡塞尔特别强调，短暂发生的事情不会只是那个时间点的事情而已，它会留下痕迹；短暂时间所做的决定与后来持续下来的东西之间彼此是有关的，在我们每个人身上都留了太多这种过去短时间所做的决定，这种细微的地方总是有着深远的影响。

在此基础上回头看，现象学与身体、社会性等现实面向彼此间的张力就不再显得那么巨大。无论身体或社会性，都是人生而在世不可避免的。自然而然的存在、存活于社会世界之中，这是它的结构。现象学心理学的任务就是去阐述它，使之明朗化。它谈的不是某一个他人，而是所有人都是这样的，是社会中的存在。所以现象学心理学是现象学，同时也是涉及世界存在的心理学，但不是超越世界的哲学。哲学在这个议题下，有另外的任务，和心理学是不一样的，两者还是有所差别的。

素朴的生活是一种好的情况还是不好的？我们要拥抱它还是加以排斥？胡塞尔的思想同时包含两种面向。大家所熟悉的胡塞尔可以被称为正统的胡塞尔，这样的胡塞尔可谓借由排斥素朴的生活而远离世界，而另类的胡塞尔则可被看作拥抱素朴的生活而亲近现实世界。如果要对后者进行说明的话，就不得不从现象学的心理学着手。若问现象学与生活和的关系是什么？可以说胡塞尔同时提出两个方案：一个是脱离这生活，另一个则是亲近生活。我们在理解胡塞尔时，任何一个都不应该被偏废。晚年的胡塞尔试图融合脱离世界和亲近世界这两种趋势，虽然他是否真正达到目的尚无定论，但我们相信这两者并不必然是相互排斥的关系，而是包含调和的可能性。为了充分达到这个目的，笔者主张仅仅采用超越论的现象学是不足的，适度借助于他自己也相当重视的现象学心理学才或可竟其功。

九、舒茨与德里达

舒茨：为人文社会科学奠基的现象学心理学

舒茨的论述方式明显地显示出他对胡塞尔超越论现象学的依赖，然而在显题化（thematisch）的论述里，舒茨却一再刻意地与胡塞尔超越论现象学保持距离，并且在例如像“交互主体性”（Intersubjektivität）这个问题上对胡塞尔做出毫不留情的批判与质疑。为此缘故，舒茨对胡塞尔人格与学问的尊重到了诠释舒茨学者的手里往往显得无关痛痒，他们刻意强调舒茨的现象学自成一格，侧重回归现实世界，拥抱俗民社会，而远离超越论玄思。在为社会科学奠定哲学基础的工作里面，舒茨所勠力以赴的乃是阐发日常世界中世俗之人的基本思维或意识模式，将它当作前科学的经验加以描述。这项工作不必预设胡塞尔所极为重视的现象学悬搁（epoché）——亦即借由“超越论态度”（transzendentale Einstellung）把人们在“自然态度”

（natürliche Einstellung）下所深深执着的各项信念搁在一旁。舒茨的诠释者们把舒茨对胡塞尔超越论态度所持的反对态度看作是“理当如此”，在他们眼中，如果我们对于研究对象进行了悬搁，那么还有什么可供描述呢？他们对“自然态度的构成现象学”（die konstitutive Phänomenologie der natürlichen Einstellung）之理解就是要对采取自然态度进行日常活动的人们之意识基本结构作描述，而且他们知道这是一种现象学式的本质心理学所作的工作，而不是经验科学式的探索。在他们看来，研究者可以在不进行现象学超越论还原的情况下进行本质描述的工作，舒茨所成就的就是它的具体成果。

向来我对这些舒茨现象学诠释学者们所表达的意见感到怀疑。这项怀疑甚至于必须回到舒茨本人身上去，因为他本人一再地明显地与胡塞尔超越论现象学保持距离，另一方面却也未曾解释他对胡塞尔超越论现象学研究成果可以毫无疑问地运用到世俗意识领域之说法为何得以成立。也就是他对于超越论现象学的高度依赖之理由从来没有清楚地被说明过。也许舒茨不必做出任何说明，如果他对任何一位他所重视的哲学家的概念之使用都是如出一辙，例如对齐克果（Kierkegaard）的“跳跃”（Sprung）、莱布尼兹（Leibniz）的“微知觉”（petite perception）、威廉·詹姆斯（William James）的“次宇宙”（sub-universe）或其他的社会学家的概念，例如库力（Cooley）的“内团体、外团体”（in-group，out-group）等等不都是信手拈来，运用自如吗？诚如 Srubar 所言，舒茨不曾将自己划入任何一个哲学派别（Srubar，1988：254），所以对于他使用像“自然态度的悬搁”（epoché der natürlichen Einstellung）这一类在正统胡塞尔思想看来简直不伦不类的用语也不必太过于在意，因为重要的是舒茨究竟说了些什么，而不是那些哲学概念在原来的脉络里面具有什么样的意义。是的，这当然是一种可能的解释，所以大可让我们在现象学运动里忘了舒茨这个角色的存在也不为过，尽管他一而再、再而三的使用胡塞尔现象学概念，但我们不必过问他究竟有哪一些现象学的思想内涵。

这项看法同样地让人感到不安，为什么呢？理由很简单，这跟舒茨的自我理解有很大出入，从他与好友顾维兹（Gurwitsch）的书信往返里头，我们一再看到他们俩流亡美国以后是如何以传播和推广现象学为己任。他不单单只是“利用”现象学概念阐述问题而已，而是他认真而严肃地在现象学里思考问题。尽管他不接受超越论现象学的思考模式，但这不表示他脱离现象学，宁可说他采取的是另一条现象学思路，而且是他认为更为接近“回归事物自身”

（zurück zur Sachen selbst）这个现象学理念的思路。在他看来，在日常生活中所呈现出来的事物，也就是呈现在世俗意识而非超越论反思意识的事物难道不是更有资格被称为“事物自身”吗？如果这个想法是对的，那么接下来的问题是：舒茨现象学的思路该如何被定位？我在底下的陈述当中，想要指出：既然舒茨自己没有明白说出他与胡塞尔现象学之间的关系，则作为舒茨研究者的人应该试着帮他说出来，而不是仅仅重复说着舒茨自己说过的话而已，更不该把舒茨看成好像跟胡塞尔可以没什么关连。

舒茨自己明白说过，他要从事“自然态度的构成现象学”之研究（Schutz 1932：56）。“自然态度”在胡塞尔的论述里与“超越论态度”相对，对胡塞尔而言，基于自然态度本身是不能够形成一套哲学论述的，针对自然态度本身进行阐述必须预设脱离自然态度，正如同对“生活世界”的阐述有赖于思索问题者进行现象学还原，也就是进入超越论态度。当然，在胡塞尔的文本当中，基本上生活世界不等同于自然态度，前者的意义借由超越论态度的思考而被肯定，后者则只是相对于超越论态度的一种面对世界之方式罢了，两者在胡塞尔的论述里甚少被混为一谈。舒茨不认同胡塞尔超越论现象学的生活世界理论，在他看来，该理论完全脱离人们的日常生活经验，如果生活世界的含义不是生活在这个领域中的人所能够明白的，而是哲学家经过苦苦思索才得到的结果，则它也失去“生活世界”的根本意旨。在舒茨的理解里，生活世界是一个平常人活动的场域，是他与物或与其他人的互动场域，在一般人的想法里面它具有最高的真实性，例如相对于做梦、想象、宗教世界、艺术世界或是科学理论世界而言都是如此。因为是活动的场域，所以如果要谈生活世界的特质，便不得不是“实践”的，在生活世界里活动的人们生活在由各项活动目的所构成的网络里面，各种物体大多以它所具有的工具性被赋予特定价值，人与人之间的互动及沟通也往往决定于彼此所设定的目的。总之，生活世界是一个充满价值与意义的背景场域，也就是——借用胡塞尔的用语——带着自然态度的人们生活的场域。

在胡塞尔有关于自然态度的论述当中不乏类似的描述，尚未进行认知反思活动之前的人们就是如此这般素朴的生活着。自然态度有它自己的认知模态与确定事情的方式，它的实践特质导致人们沉湎于眼前的事物而未能进一步思索当下活动的意义以及所在环境的特质，这是自然态度的限制。着眼于寻找反思活动之基础的胡塞尔倡导悬搁现有信念的必要性，对于思索问题的人而言，与现有之生活实践态度的彻底决裂有着充分的必要性。但是相对而言，对于努力阐述生活在实践态度中的平常人之意识模态的舒茨而言，我们不可能远离自然态度而谈自然态度。生活世界就是采取自然态度的人从事种种实践活动的场域，自然态度与生活世界对于舒茨而言往往是相互伴随、不可分离。（GA III：163）现在我们所要提出的问题是，我们如何能够阐述生活世界、也就是舒茨所致力阐述的自然态度之意识模态？关于这个问题，舒茨本人在早期的《社会世界之意义构成》（*Der sinnhafte Aufbau der sozialen Welt*）一书导论第六节曾指出，他所从事的工作无非就是胡塞尔所说的"自然态度之构成现象学"或是"现象学心理学"（phänomenologische Psychologie）（Schutz 1932：56; Embree，1988：257; Wagner，1983：181）依照舒茨的简要陈述，其重点在于描述自然态度的本质结构，他说：

处在世俗社会界之中我们与现象学还原领域中的构成现象无关，反而只和自然态度的相应项（entsprechende Korrelate）有关。一旦我们在本质描述中正确地掌握到"内在时间领域中的内在时间性之问题"，我们就可以毫无疑问地把我们的研究成果应用到自然态度的现象上，此外让我们作为"现象学的心理学者"停留在"内在直观，也就是，属于心灵本质的直观"中。如此一来，我们的目标就不是建立有关内在直观领域之事实的经验科学，而是本质的科学，它所要探求的乃是心灵的不变之本属结构，或者，一个社会心灵（精神）生活不变之本属结构，换言之，追问它们的先天特质（Apriori）。（Schutz，1932：56）

所谓"自然态度之构成现象学"舒茨偶尔用"意向性的心理学"（eine Psychologie der Intentionalität，GA I，138; 154）作说明，它是一门"在心理学统觉与自然态度之中的本质而世俗的科学"（GA I，154），从事着"本质研究，不处理具体实在之物而是可能想象之物"（GA I，132）。

这个本质的科学一方面有别于胡塞尔的超越论现象学，另一方面也不同于一般的经验科学。（GA I，138）它停留在世俗的领域，也就是自然态度的生活世界领域里，但其研究成果又具有本质的结构性。但这是怎样的一门学问呢？它是不是与胡塞尔的现象学全然无关的一门学问呢？

一般学者倾向于将舒茨与胡塞尔的关系看成是对立的，有的甚至于在此基础之上论证舒茨如何另辟蹊径，以社会互动及哲学人类学（philosophische Anthropologie）为基础确立自己的现象学思想。

在哲学界诠释舒茨的学者，例如 Wagner，Natanson 等人均分别提及舒茨的工作与胡塞尔的分歧。首先，Wagner 指出舒茨与胡塞尔的现象学哲学之关系是"间接而复杂的"（indirect and complex）（Wagner，1984：184），因为把现象学当成观念论的哲学（idealistic philosophy）对舒茨而言是难以接受的，（Wagner，1983：306）他并认为超越论现象学思路的效力有其限度，有必要加以修正。（Wagner，1983：307）舒茨的工作是构作自然态度的现象学（the phenomenology of natural attitude），本质上它是一种生活世界的社会学（a sociology of the life-world），也就是现象学心理学（phenomenological psychology）或本质心理学（eidetic psychology）（Wagner，1983：181；306）。Natanson也在他探讨舒茨哲学的专著里头强调类似的观点。（Natanson，1986：14）另外德国学者Waldenfels则明白表示，舒茨的工作以阐明日常生活的基本设定为限，重点是将它们不变之本质结构揭露出来，而这也是社会科学研究所重视的。（Waldenfels，1980：206）

社会学界诠释舒茨思想的著名学者Srubar在1988年所出版的著作*Kosmion：Die Genese der pragmatischen Lebenswelttheorie von Alfred Schütz und ihr anthropologischer Hintergrund*当中尝试为舒茨的思想基础作别种尝试。在他看来，互为主体性作为一种社会世界的既存现象，其构成基础不能是在超越论意识活动之中，唯有透过社会互动才能够充分说明它是如何构成的。Srubar相信这是透过所谓俗世现象学（mundane Phänomenologie）如何不同于胡塞尔的超越论现象学之最好解释。Srubar 强调“舒茨从来不曾是某个学派的跟随者”（Srubar，1988：254）如果一定要说他属于哪一个学派的话，勉强地说舒茨所致力构作的乃是“哲学人类学”与“俗世现象学”。他的实践性生活世界理论想要阐明的是人如何是一个在社会中行动的个体，他的意识模态之基本特质是什么样子等等之类的问题。Srubar 指出，舒茨的生活世界论述提出四项基本范畴：反思性、时间性、社会性与实践，正好可以满足哲学人类学对人的诠释所须用到的范畴。（Srubar，1988：254）

从社会学的角度看舒茨的思想，社会互动的面向被刻意强调是很自然的事，但是用这种方式解释舒茨的思想，特别是现象学的部分是否恰当则有待商榷。晚期的舒茨构作生活世界之结构刻意强调世俗的面向是众所周知的，他反对胡塞尔超越论现象学的思路也是明显的事实，然而刻意强调舒茨不隶属于任何一个哲学派别，借以凸显舒茨的独立性却剥夺了他在现象学运动中所扮演的角色，不仅如此，这种论述根本无法解释为何舒茨大量使用了胡塞尔现象学的概念去阐述他所关注的问题。除非我们对这些问题视而不见，否则我们还是应该尽力去寻找这个问题的答案。

早在 1930 年，舒茨便已经接触了当时发表于 *Jahrbuch für Philosophie und phänomenologische Forschung*，（Bd.XI，

1930）而后来收录于《观念》第三卷的 *Nachwort zu meiner Ideen*（我的《观念》后言）这篇相当长的文章，使得他在《社会世界之意义构成》一书当中明白指出自己所从事的工作就是胡塞尔所说的“现象学心理学”或称“自然态度的构成现象学”。我相信透过舒茨自己所提供的这条线索可以让我们明白舒茨与胡塞尔的现象学之间的关系。如此一来，我们才可能明白舒茨在现象学运动中所站的位置。基于舒茨终其一生不断的阅读胡塞尔、使用胡塞尔的概念阐述他自己所关注的学术问题这项事实来看，两人之间的关系不仅仅停留在“利用”的层次而已。实际上，舒茨的整套论述如果可以称得上是现象学式的，则他的现象学思路该无论如何是需要被厘清的。透过胡塞尔的“现象学心理学”我们将可以找到适当的途径。

胡塞尔现象学心理学所要研究的对象包含自我的心理与他人的心理。对此，胡塞尔说：

> 现象学心理学的理念涉及探索底下两个完整范围，自我经验以及奠基于自我经验的他人经验。（Hua IX：281）

这里所说的自我不是超越论自我，而是在世界中，与他人一起活动，彼此相互理解的自我。简单地说，就是社会世界中的自我。对于这样的自我，胡塞尔又说：

> 每一个心灵不仅仅因为拥有多样的意向体验而有与他不可分离的客观意义整体。而且同样不可分离的是作为同一的自我主体、让所有体验集中的“自我极”（Ichpol），以及从这个生命成长出来的各种习性。同样还有被还原的互为主体性，它纯粹而具体的被掌握着，它是一个由纯粹的人格（reine Personen）所构成的社群，而此社群在互为主体的纯粹意识生活中活跃着。（Hua IX：283—284）

基于胡塞尔的相关论述，我们不难理解为何舒茨会在一篇生前未曾出版的讲稿《胡塞尔及他对我的影响》（*Husserl and His Influence on Me*）当中提道：“任何试图探索社会实相的现象学尝试，恰也存在于胡塞尔所提出的论点中”。舒茨之所以在《社会世界之意义构成》当中言及他所从事的无非就是胡塞尔的现象学心理学（Schutz 1932：56），并不是没有道理。而这一点舒茨也在流亡美国期间不断予以阐述。

如前所述，在胡塞尔看来，现象学心理学的任务在于，理解世俗世界中的人如何生活在这个世界上，仿佛能用他们的眼光去看这个世界那般。舒茨将此任务理解为社会科学的任务。社会科学家不是行动者本人，但理解生活在社会世界中的行动者却是社会科学家的职责所在，知道这些人在想些什么，又如何想乃是他们所面对的问题。那么，社会科学家进行理解的途径是什么？舒茨在《社会世界之意义构成》的第 43 节提到的“所有关于社会世界的科学都是有关主观意义脉络的客观意义脉络”（SA，317）便是他所提供的途径。但这些论述已不在本书的写作范围之内，故不拟展开。

德里达：超越论现象学与现象学心理学之间的平行关系

德里达有关于超越论现象学与现象学心理学之间关系的解读与他自身的解构思想之间如何相关？德里达本人并未清楚交待，研究德里达思想的学者也很少提出这个问题。深入讨论这个问题并不容易，因为我们拥有的线索十分有限，只能旁敲侧击。在有限的线索中，我们首先可以发现德里达在《声音与现象》（*Voice and Phenomena*；*La voix et le phénomène*）一书的前言表达了许多有关于超越论现象学与现象学心理学之关系的看法。（参见 VP，pp.9–13）这些见解在《声音与现象》的正文也不难被发现。（VP，p.22，25–26，34–37，44–46，70）众所周知，德里达在该书从两方面对胡塞尔进行批判，一是意义、表达与记号的关系，另一则是时间当下与滞留之间的关系。透过前者，德里达表明反对胡塞尔认为意义可以独立于记号而存在的看法。透过后者，德里达质疑原印象在存在论上优先于滞留，滞留依附于原印象的论点。两者合起来，德里达论述的重点是，被胡塞尔所肯定的在场（原印象或意义的当下显现）作为原本性是令人质疑的，毕竟没有记号不知意义之为何物，没有滞留何从理解原印象。

依胡塞尔所见，意义与原印象都是与精神活动息息相关，精神作为意识的流动，无时无刻不处于当下的流动状态，凡是意义无不是由此取得生发的根源。它可不依附于其他之物而独立自存，其他一切莫不依附于它。但德里达主张，没有滞留不见原印象，没有记号不见意义。总之，精神需要记号作为媒介，媒介不该被看成次要，记号的媒介作用并非可有可无的。

以下的重点并非在于探讨德里达如何批判胡塞尔的记号理论或内时间意识理论，而是探讨他如何解读超越论现象学与现象学心理学两者之间的关系，故拟将德里达如何批判胡塞尔的记号理论当作例子，来探讨他对于胡塞尔的记号理论之批判如何相关于他对于超越论现象学与现象学心理学两者之关系的解读？这个问题可以进一步扩展为，超越论现象学与现象学心理学之间的关系放在德里达的思想脉络中会成为什么模样，而这项见解对于德里达的整体思想又具有何种意义？

德里达对超越论现象学与现象学心理学之间关系的说明与阐释

德里达在阐释超越论现象学与现象学心理学在胡塞尔思想中的关系时首先指出：

> 除了作为在场的形上学之外，现象学也是生命哲学。（VP，p.9）

生命是德里达讨论这项问题时所使用的核心概念，为何如此？在介绍超越论的现象学跟现象学心理学之间关系的时候，德里达把胡塞尔所说的平行进一步解释为迭置；平行意味着两条线之间的关系，而德里达特别呈现这线的背后可以延伸出一个平面。既然是平面，就容许我们从上往下看，如此一来，两个平面若重迭在一起，便只剩下一个平面被看到，使得原来的平行关系仿佛消失了。重迭性很受到德里达的重视。在这平行关系当中德里达特别强调，生命是它的共同根源，纯粹心灵与纯粹超越论生命之间之所以具有平行关系，关键在于生命是其共同的根源。（VP，p.9）德里达一方面强调它们有重迭的部分，也就是说，非常相似的部分，但是他并没有忽略两者之间的差异，这项差异基本上还是承袭自胡塞尔的看法，只是德里达更强调自由的重要性，他认为自由是超越论的悬搁，完全不同于现象学心理学的还原。[1]这个区别如果不能被肯定的话，就会产生像胡塞尔说的“超越论的心理主义”（transcendental psychologism）的后果（VP，p.11），如此一来，整个超越论的色彩就沦丧了。一方面德里达跟随胡塞尔强调两者之间的区别，可是回头来看的话，事实上德里达对于生命的这个概念是更为重视的，强调生命不仅存在于前超越论领域，更遍在于所有领域，它是极超越论的（ultratranscendental），它难以名状，需要另外被命名。（VP，pp.12–13）

综合上述引言，德里达首先指出现象学心理学所研究

---

〔1〕 他在此用了“乌有”的概念。

的纯粹心灵与超越论现象学所研究的纯粹超越论生命之间不仅具有平行关系，而且从某个角度来看，它们之间是相互重迭的，生命则是两者的共同根源。接着，德里达强调两者毕竟有所区别，超越论现象学的根本精神需要被维持，否则便产生超越论心理主义的问题。透过“自由”与“乌有”等概念，德里达依循胡塞尔的思路强调两者之间的区别不容忽视。尽管如此，德里达最终仍回到原来的论题，纯粹心灵与纯粹超越论生命之间具有共同的根源，也就是生命。生命贯穿了前超越论与超越论的各个阶段。如果生命是心理的唯一核心，也就是现象学心理学主要的研究课题的话，则现象学心理学与超越论现象学之间的关系便值得我们注意。超越论现象学在胡塞尔的心目中向来具有绝对的优越性，德里达是否会予以认同？为了探讨这个问题，让我们先看德里达如何批判胡塞尔的记号与意义理论。

胡塞尔的意义理论与德里达的批评

胡塞尔将记号区分成指号（Anzeigen）和表达（Ausdruck），并进一步将表达区分为表达自身与前表达的意义。意义是最本原的对象，能被主体所把握，进而透过赋予含义的过程，它进入了语言的层次，首先是表达。作为表达的记号本身是具有含义（Bedeutung）的，含义乃是语言的含义，表达也就是能够表现出特定含义的记号。指号则是在此基础上进一步呈现于言说与书写活动中的记号。

表达与指号的关系究竟为何？是不是所有的表达都可被当作指号？针对这个问题，胡塞尔设想一种可能性，也就是独白。当我们沉默不语，对自己说话时，既然未发出任何声音或写成文字，则这种“说话”的经验，不需要借助任何外在的记号来进行。于是在独白中只出现表达而未出现指号。换句话说，在独白中出现的语词乃是想象的语词，而非真实的语词。表达之所以具有含义，乃是基于赋予含义的活动而来。赋予含义的活动是一种意识的作用，含义则是意识活动的对象。如果我们专注于含义本身，则我们便可发现含义本身具有客观性。它的客观性来自它是观念之物。作为观念之物，意味着不同的人使用不同的语词都可以指向它，换言之，它具有客观性，以及同一性。含义虽仰赖人的意识体验，但它却可以不受限于赋予含义的人或理解含义的人的意识体验而普遍得到肯定。

在《逻辑研究》中，胡塞尔并没有严格区分含义与意义，直到《观念》第一卷，胡塞尔才明确指出前表达的意义能够先于含义而存在。（VP，p.16）换句话说，我们拥有前表达的意义统一体，在任何语词的含义形成之前先拥有它。我们可以不需要使用关于某对象的语词，便能在意识中构成一个对象。

胡塞尔将前表达的意义比喻为核，表达的含义则是核的外壳，语词的含义乃是附加的，它只在形式上改变了前表达的意义，却并不实质上改变意义本身。既然表达不论在质料上或质性上都不会改变前表达的意义，因此，当我们透过语词来表达意向行为时，便往往忽略了表达本身，而直接指向所要表达的对象。

从意义发生的逻辑先后顺序来看，是意义在先，表达其次，指号则是最后；然而胡塞尔在《逻辑研究》的第一逻辑研究讨论的方式却是指号在先，再回溯表达与意义。对胡塞尔而言，意义终究是最核心的，它是表达与指号的基础，具有奠基性的含义。作为记号的指号本身在这样的架构中扮演了非必要的角色。针对这一点，德里达提出迥然不同于胡塞尔的看法。

德里达对语言记号的看法受到语言学家索绪尔的影响，根据索绪尔的想法，意义的产生来自记号系统中各个记号彼此之间的差异；缺乏差异性，记号本身就显示不出意义来。胡塞尔所重视的记号与意义之间的内部关系，对于索绪尔并不重要。基于索绪尔的语言学理论，德里达一方面强调记号的存在优先于意义的产生，而记号又不得不寄托在记号系统之内；另一方面，德里达也不承认胡塞尔所认为的意义核心与意识主体之间的紧密关系。德里达用“在场”（presence）来指称意义的核心与意识之间的紧密关联。由意识与意义紧密相关性所建立起的在场关系，对胡塞尔而言是极为纯粹的，也是自给自足的。然而德里达认为，意义的发生既然与记号以及记号系统相关，则意义的发生便不得不与他者相关。职是之故，德里达宣称，意义的根源本身就包含着他异性，而非如胡塞尔所认为的，只与意识紧密相关的那种纯粹性或同一性。

德里达进而指出，胡塞尔进行了两个层次的还原，第一个是将一般所使用的语言指号还原为非经验性的表达，第二层还原则是将表达还原为前表达的意义。处在意识中的意义之核可说是一种沉默的声音，犹如在独白的经验中，对象的意义或语词的含义也可以向我们显现那般。我们总是可以先掌握对象的意义，然后，拥有沉默的表达经验，这两者虽然都与经验世界无关，然而却是经验世界的言说或表达的根据所在。在德里达看来，胡塞尔所进行的两个层次的还原，本质上就是把记号的重要性完全抹除。语言、记号等等除了作为意义或含义的媒介之外，本身不具有任何重要性，它总是远离了最本原的意义核心。

记号的意向模式与感知的意向模式不一样，在感知中对象在当下直接呈现，如果我们透过记号去掌握对象，则对象的呈现方式便不同于感知，它毋宁与图像意识的意向模式接近，都是当下化的再次呈现。这两种不同的呈现方式本质上绝不相同，胡塞尔强调不可混淆二者，并且当下化的意向模式是建立在当下的基础上。这是胡塞尔的一贯立场。在胡塞尔看来，只有感知的意向模式才是原本的，其他的意向模式都是再造的。就原本与再造的关系而言，胡塞尔肯定当下所具有的现前价值，为此缘故，胡塞尔认可感知的当下呈现是最根本的意向模式，其他的意向模式都是衍生的。正是在这一点上，德里达提出质疑。

根据胡塞尔的想法，表达的特性在于它具有含义，当我们使用语言去言说、书写，或进行理解的时候，我们所掌握的乃是这些字词的含义，于此之时，含义作为被意识之物而被我们掌握。含义本身不同于意识体验，而是作为意识体验的对象被我们所掌握。含义本身所具备的观念性使得每一次的含义意向都是相同的。针对这项观点，德里达提出批判。他指出：

这种观念性……不曾存在于这个世界，也非来自另一个世界。反而它仰赖重复活动。观念性是由重复的活动所构成的……被胡塞尔规定为观念性的存在乃是重复。（VP，p.45）。

含义的观念性不受限于个别的意识活动，在不同的意识活动中保持它的同一性。含义的观念性意味着它对个别的意识活动而言具有超越性，但胡塞尔并不因此承认它如同柏拉图式的超越，因为这种超越的存在无论如何不能不仰赖于意识活动。故而，德里达将胡塞尔所理解的含义的观念性重新表述为诸多重复活动当中的同一性。

作为超越之物，含义是外在的，然而就它作为被意识之物而言，它却又是内在的。就既外在又内在而言，德里达看出含义本身不可回避根本上的悖谬。含义不等同于个别的意识体验，而是超越我们的体验。然而此一超越体验的含义同时却以重复的方式被不同的意识所体验，这个情况本身在德里达看来是十足悖谬。

德里达主张，在场本身跟记号的运作密不可分，正是因为如此，它才可以一再被重复。重复之为重复，乃是因为它借助于某种中介，这个中介无非就是记号。在德里达看来，那些被胡塞尔所肯定的在场，其相关的含义观念性、同一性与超越性，都不能不维系在记号当中。

德里达认为，胡塞尔的分析未能充分说明前表达的意义乃是绝对地优先于表达的层次。反过来看，意义本身可以说不能不处在将自身铭刻进表达的状态。作为记号的表达本身不能不早已预先存在，意义本身早就以某种方式被语言或记号所穿透了。

德里达在《声音与现象》的正文里不乏关于现象学心理学跟超越论的现象学之间关系的论述。他提到现象学一方面排斥素朴的实在论，它以回归意义的构造根源为志向，但是一方面现象学又因为坚持在早期形上学思想而不自觉坠入传统形上学的窠臼当中。被体验的生活关联于指号，指号虽然指向理想性跟客观性的必然性，本身却难逃被还原排斥的命运，也就是说它跟世界上所有的事实性经验一样，都是被超越论的还原所排斥的。指号虽然很重要，它跟客观性也是密切相关的，但是在整个超越论的还原动作中，它依然难逃被还原掉的命运。

胡塞尔将记号排除于超越论生活之外，但如前所述，德里达强调的是，事实上这行不通，理由跟他对于意义跟指号之间的关系（的看法）是息息相关。依照胡塞尔的看法，精神性是不需要仰赖任何记号的作用，而这也是德里达认为胡塞尔继承传统形上学的地方，超越论的现象学在胡塞尔的心目中是处在最高的位置，德里达要问的是：这项看法是否无从挑战？前面提到，德里达在有关于意义跟指号之间的见解跟胡塞尔可以说是完全相反的，所以在这情况下，如果把它放在现象学心理学跟超越论现象学之间的关系来看的话，也未尝不可以说他的看法不同于胡塞尔。

总而言之，精神是需要媒介的，媒介不应该被看成次要的，而是不可或缺的，总结起来就是德里达在《声音与现象》这本书导论部分所提到的，有关于超越论现象学与现象学心理学之间的关系，并不是导论讲完了后面就没了，而是在他正文的主要部分里面也是很要紧的，也就是在他谈论记号与意义之间的关系当中是看得到的，所以值得一问的是，如果胡塞尔把超越论的现象学看成是高高在上的，也就是站在最高的位阶上，它也是哲学反思的一种最极致的表现的话，它也是最纯粹性的表征，而不管什么类型的现象学最终还是以它作为归宿；对于这样的论点德里达会怎么看？他会提出的问题便是，这种哲学最极致的表现，这种纯精神性的作为，它是不是真的可以脱离世俗生命？世俗生命必须包含肉身性。前面说过，德里达主张，超越论的现象学或者现象学心理学都是生命的不同表现，它是使用不同的态度所造就出来的结果，就是使用不同还原的方法所造就出来的。这种平行关系从侧面来看是一上一下的关系，但是如果从正上方往下看的话，那它们的区别可以说是非常小的，而这个区别非常小，主要指两个，而两个都是仰赖生命的。既然如此，我们可以进一步指出，在现象学心理学那里生命是非常明显的、无所不在的，但在超越论现象学那里，生命这部分的色彩就显得被忽略或不受到重视了。对于这两种现象学的定位可以用这样的语言来表述它，一个是“在世界中的意识”、一个是“为世界的意识”，“在世界中的意识”跟生命紧密相连，而“为世界的意识”的生命色彩就很淡薄，甚至可以说是脱离生命。在达里达看来，无论怎么样脱离生命也不可能做到完全脱离生命，都仍然是生命的表现。若把在世界中的意识比做记号，德里达对于记号的重视就等于是对于在世界中之意识的重视，后面则被诠释为他对于对意义的重视，而这意义就是脱离任何的指号、记号，那种纯精神的意义。超越论的现象学最终的要求就是要达到这个地步，这才是超越论现象学极致的表现，德里达显然不会认同胡塞尔的观点。德里达等于是要把它拉回到世界来，强调如果意义不能不依赖于记号的话，那超越论现象学也同样不能不对生命有所依赖，而对于生命的阐述，无非就是现象学心理学的工作，所以在这个意义底下我们可不可以这样说，现象学心理学的重要性，在德里达的眼中是要比超越论的现象学来得更高、更重要的。这看法当然是奠定在德里达自己对于意义与指号间的关系的解释上面，说德里达自己虽然没有明白讲，但极可能会主张现象学心理学的重要性不应该亚于被胡塞尔所极度重视的超越论现象学。

现象学心理学所谈的是“在世界中”的意识，超越论现象学则谈“为世界”的意识。在前者，意识贴紧着生命，后者则似乎脱离生命。但德里达强调，无论超越论意识如何脱离生命，它与存活在世界中的意识一样都仰赖生命。只不过在现象学心理学那里，生命昭然若揭，而在超越论现象学那里，则若有似无。超越论现象学若可比作纯精神性的意义，则现象学心理学便可比作肉身性的记号。既然德里达意图翻转意义与记号两者之间的关系，则他翻转现象学心理学与超越论现象学之间的关系之意图应该是很明显的。相较于现象学心理学，超越论现象学并不具有绝对的优越性。

总结以上所言，我们未尝不可以说，德里达试图颠覆超越论现象学与现象学心理学之间的关系。超越论现象学在胡塞尔心目中具有最高的位阶，它是哲学反思的极致表现，现象学不能不以它作为归宿。将它当作纯粹精神的极致表征并不为过。然而这种极致表现能否脱离生命，那个世俗世界的肉身性以及晦暗的实存性？在胡塞尔看来，精神绝然的超越性是不难理解的，只要我们遵循严格的现象学方法就不难体会。然而德里达质疑这点，无论是超越论现象学或是现象学心理学，都是生命的不同表现，是使用不同的态度所造就的结果。胡塞尔所说的平行关系被德里达重新诠释为迭置，意思是，假如我们不从侧面的角度，而是由上而下去看两者的关系，则二者是看不出分别的。德里达揭示两者具有共同的根源——生命，超越的纯粹精神再怎么纯粹终究不能免除对于现实生命的依赖，而后者正是需要现象学心理学来加以阐明的。

结　论

超越论现象学的观照就像在云层上方看地球表面，越高越好，但不能高到完全看不到表面。现象学心理学的观照则像是贴近地球表面的观看方式，但再怎么近也不能近到着陆，因为保持一定的距离总是有必要的，或许这种观照方式可名之为“即世观照”。超越论现象学的观照既然远离地面，则重点便在于检讨、调整自己的基本态度，观照者如何观照世界于是成为重点所在。现象学心理学的观照（即世观照）将重点摆在被观照的对象上面，对象意义的重要性远远大于观照者的态度。“世界对我展现为何种样貌”乃成为其重点所在。

理想上，两者应互相配合。若分别观之，则各有侧重之处。胡塞尔侧重前者，但不忽略后者，后胡塞尔时代的现象学发展则普遍重视后者，对于前者要不是隐讳之就是反对之。德里达在其论述中显然重视后者甚于前者，但同时也看出前者的重要性，算是持平之论。个人认为，作为大家庭的现象学应该两者兼备，以其中一方攻击另一方都有失偏颇，无论是站在胡塞尔的一边捍卫胡塞尔或是站在后胡塞尔的一边反对胡塞尔都是如此。就如同长辈的概念是相对于晚辈而成立的，反过来，缺乏长辈的晚辈也是不成立的，长辈与晚辈彼此相互依赖，缺一不可。这正是大家庭的真谛所在。

其次，超越论现象学的批判性格不该被忽略。这是现象学心理学所缺乏的向度。前者如同后者都对意识现象进行描述，但不像后者只是单纯进行描述而已，更进一步对自身的当下状态进行批判，以达到革新自我，追求理想自我的目的。这也正是作为哲学的现象学所具有的最终极意义。这份意义不存在于现象学心理学。德里达透过自由的概念来表述它，使它有别于现象学心理学。这意味着，德里达并非不理解胡塞尔为何会重视超越论现象学，只不过并未随之起舞罢了。

瓦尔特·毕梅尔（Walter Biemel）在为胡塞尔全集第九册的《现象学心理学》所写的编者引论指出，现象学心理学是本质现象学。本质现象学是胡塞尔在发展超越论的现象学之前对现象学的主要理解。对现象进行本质描述是胡塞尔在《逻辑研究》所获得的理论突破，而作为现象学前身的描述心理学正是在不离意识之情况下对逻辑学、数学的真理本质进行把握。现象学心理学与描述心理学既然如此亲近，胡塞尔在 1925 年的学期演讲《现象学心理学》一开始进行对于《逻辑研究》一书的回顾，便不足为奇。然而，与此同时，我们不禁要问，开始于 1923 年的《第一哲学》，被胡塞尔于 1925 当作整个学期的课程来处理，并于 1928 年重复讲述，而在 1927 年、1928 年，甚至在最晚期出版的《危机》一书都占有相当分量的现象学心理学难道只是其早期思想的翻版而已吗？倘若并非如此的话，那么还有些什么是特别值得我们重视的？

毕梅尔指出：胡塞尔在此演讲中提出的“经验世界”概念，是生活世界概念的前身。毕梅尔这个看法值得赞同，但“经验世界”除了作为生活世界概念的前身之外，也有不同于生活世界之处，毕竟基于现象学心理学的背景被提出来的“经验世界”概念是不同于以超越论的现象学作为背景的生活世界概念。依此看来，二者之间的差异不容忽视。

毕梅尔看到胡塞尔花不少篇幅讨论狄尔泰，说明狄尔泰如何反对当时蔚为风潮的自然科学式的心理学，以及狄尔泰如何寻求新的心理学类型以便为精神科学奠定基础。胡塞尔之所以致力于现象学心理学的研究，就出发点而言，可以说与狄尔泰路线一致。胡塞尔自己也不讳言受到狄尔泰极大的启发。当然，胡塞尔认为他的现象学，尤其是现象学心理学，才真正落实了精神科学的奠定工作。比起狄尔泰，他无疑更向前跨进了一步。

现象学心理学的特质何在？如何不同于超越论的现象学？为了回答这个问题，让我们将目光转移到还原与自然态度的关系上。简单说来，胡塞尔在1925年的现象学心理学讲稿中明确指出，现象学的还原并不等同于超越论的还原，现象学心理学有其还原方法，其特质在于：现象学心理学对自然态度的处理是含混的，它既放弃又不放弃自然态度。

现象学心理学的任务在于阐明存活于世间的人，其世界生活是如何构造的。胡塞尔试图针对世间人如何进行其生活做本质描述。存活于世的自我在日常生活中有种种的朴素想法，现象学自我有必要使之判为无效，中止种种朴素的信念。放弃他们在自然态度中所坚持的一切，心理学家设定自己纯粹的主体性以便做好研究的准备工作。排除那些信念之后，现象学心理学家仅需专注在存活于世者的心理活动及其对象之间的相关性。

但经过还原之后，现象学自我是否从此断绝与世界的任何关系？现象学心理学针对在世界中的个人或社群进行研究，说明这些存活于世的人如何深入世界、参与各项活动，以至于倘若缺乏世界作为相关的部分，将难以解释这些人的心理现象。在这个意义上，研究必须预设世界。而这导致关于自然态度的含混性，也就是说，一方面世界是通过还原的操作而被悬搁起来，但另一方面它却又被保留下来。这种含混性不存在于超越论现象学之中，因为它借由将整个世界变成意识中的现象而加以克服。透过不同于超越论现象学还原的现象学心理学还原，胡塞尔阐明了现象学心理学与自然态度之间既相即又相离的含混关系。该含混性确立了现象学心理学本身的特质，使之异于超越论现象学而取得独立地位。

胡塞尔对现象学心理学的论述是落在对科学的哲学反思当中去进行的，所以现象学心理学在胡塞尔的心目中完全是理论性的学科。这个学科一方面是本质性的（所以非经验性），另一方面则是与世界息息相关（所以不是超越论的）。它的这两项特质使得它本身充满含混性，如果我们光从自然态度出发，或是仅从超越论态度出发都将无法清楚认识这门学科的特质。话说回来，它浓厚的“属世”色彩，让现象学贴近这个世界，能够捕捉世界的现象；另一方面，它的还原方法使得它脱离自然态度的盲点与限制，而得以充分掌握现象的本质，是以相对于自然态度和超越论态度，它的含混性绝对不会只是具有负面的色彩而已，而是具有高度的正面价值。当舒茨（Alfred Schütz，1899—1959）致力于社会科学的哲学奠基而认同胡塞尔的现象学心理学时，不正说明胡塞尔的这门学科的价值所在？而当梅洛—庞蒂（Maurice Merleau-Ponty，1908—1961）于《哲学家及其身影》一文指出，胡塞尔在论述还原越过了自然态度，随即补充说明："这一越过保留了'自然态度下的整个世界'"。进而指出自然态度包含了"比任何'论旨'、任何'观点'更古老，它们给予我们的不是一种关于世界的表象，而是世界本身。"的"世界论旨"（Weltthese）时。不也是表明有一个领域是夹在自然态度和超越论态度之间，而等待我们做进一步的阐发？梅洛—庞蒂与胡塞尔之间的距离如果不是像一般人所认为的那么大的话，说不定胡塞尔自身的现象学心理学正可以提供我们一条线索去说明两者之间是在哪一方面互相靠近的。果真如此，现象学心理学似乎存在着被充分开发的必要性。

参考书目

Derrida，Jacques.（2010）*Voice and Phenomenon：Introduction to the Problem of the Sign in Husserl's Phenomenology*. Evanston，Illinois：Northwestern University Press.（简称 VP）

Embree，Lester.（2006）Reflective Analysis：A First Introduction to Phenomenology，Bucharest：Zeta Books.

Held，Klaus.（Hrsg.）（1990）Edmund Husserl：*Die Phänomenologische Methode*，*Ausgewälte Texte*，Stuttgart：Reclam.

Husser，Edmund.（1950）*Cartesianische Meditationen und Pariser Vorträge*（Husserliana I），Den Haag：Martinus Nijhoff.

——.（1952）*Ideen zu einer reinen Phänomenologie und phänomenologischen Philosophie*，*Zweites Buch*，Husserliana IV，Den Haag：Martinus Nijhoff.（abbr. Ideen II）

——.（1956）*Erste Philosophie*（*1923/24*）. *Erster Teil*：

Kritische Ideengeschichte. Hrsg. von Rudolf Boehm.（Hua VII）

——.（1959）*Erste Philosophie*（*1923/24*）. *Zweiter Teil*：*Theorie der phänomenologischen Reduktion*. Hrsg. von Rudolf Boehm.（Hua VIII）

——.（1968）*Phänomenologische Psychologie. Vorlesungen Sommersemester 1925*. Hrsg. von Walter Biemel. 2. verb. Auflage.（Hua IX）

——.（1971）*Ideen zu einer reinen Phänomenologie und phänomenologischen Philosophie. Drittes Buch*：*die Phänomenologie und die Fundamente der Wissenschaften*. Hrsg. von Marly Biemel. 1971.（Hua V）

——.（1973）*Zur Phänomenologie der Intersubjektivität. Texte aus dem Nachlaß*. Dritter Teil：1929–1935. Hrsg. von Iso Kern.（Hua XV）

——.（1975）*The Paris Lectures*，tr. by Koestenbaum，The Hague：Martinus Nijhoff.（abbr. PL）。《先验现象学引论》，倪梁康译，收录在《面对实事本身：现象学经典文选》（倪梁康主编），北京：东方出版社 2000 年版，第 106–142 页。（简称《引论》）

——.（1976）*Die Krisis der europäischen Wissenschaften und die transzendentale Phänomenologie. Eine Einleitung in die phänomenologische Philosophie*. Hrsg. von Walter Beimel. Nachdruck der 2. verb. Auflage. (Hua VII)

——. (1976) *Ideen zu einer reinen Phänomenologie und phänomenologischen Philosophie. Erstes Buch*: *Allgemeine Einführung in die reine Phänomenologie*. 1. Halbband: Text der 1.—3. Auflage; 2. Halbband: Ergänzende Texte (1912–1929). Neu Hrsg. von Karl Schuhmann. Nachdruck. (Hua III)

——. (1952) *Ideen zu einer reinen Phänomenologie und Phänomenologiischen Philosophie. Drittes Buch*: *Die Phänomenologie und die Fundamente derWissenschaften*. Hrsg. Marly Biemel. Den Haag: Martinus Nijhoff. (Hua V)

——. (1984) *Logische Untersuchungen. Zweiter Band. Untersuchungen zur Phänomenologie und Theorie der Erkenntnis*. Hrsg. von Ursula Panzer. Den Haag: Martinus Nijhoff. (Hua ...)

——. (1987) *Aufsätze und Vorträge* (1911–1921). Hrsg. von Thomas Nenen und Hans Rainer Sepp, Den Haag: Martinus Nijhoff. (Hua XXV)

Kockelman, Joseph J. (1967) *Edmund Husserl's Phenomenological Psychology*: *A Critical-historical Study*, Atlantic Highlands, N. J.: Humanities Press.

Lohmar, Dieter.（2012）*Husserl's Psychology*: *A Conribution to the Foundation of the Humanities*, in *Investigationg Subjectivity*: *Classical and New Perspectives*, ed. by Gert-Jan van der Heiden et al, Leiden/Boston: Brill.

Marx, Werner.（1987）*Die Phänomenolgie Edmund Husserls*, München: Wilhelm Fink Verlag.

Melle, Ullrich.（1996）Nature and Spirit, in *Issues in Hueerl's Ideas II*（Thomas Nenon and Lester Embree eds.）, Dordrecht/Boston/London: Kluwer Academic Publishers.

Merleau-Ponty, Maurice.（1962）*Phenomenology of Perception*, London: Routledge.（Abbr. PP）

——.（2004）Merleau-Ponty: *Critical Assessments of Leading Philosophers*, London and New York: Routlege.

——.（1964）The Philosopher and His Shadows, in *Signs*, Northwestern University Press.《哲学家及其身影》（刘国英译），收录在《面对实事本身：现象学经典文选》（倪梁康主编），北京：东方出版社2000年版，第729–757页。（简称《身影》）

——.（1964）Eye and Mind, trans. by Carleton Dallery, in *The Primacy of Perception*: And Other Essays on Phenomenological Psychology, the Philosophy of Art, History and Politics, Northwestern University Press, pp.159–192.

Ricoeur, Paul. (1967) *Husserl: An Analysis of His Phenomenology* (trans. Edward G. Ballard and Lester Embree), Evanston: Northwestern University Press.

Schutz, Alfred. (1991) *Der Sinnhafte Aufbau der Sozialen Welt.* Frankfurt/M: Suhrkamp; Alfred Schütz Werkausgabe Band II, Hrsg. von Martin Endress and Joachim Renn, UVK Verlagsgesellschaft, 2004. (ASW)

Schutz, Alfred. (1962) *Collected Papers*, Vol. I, The Hague. (Abbr. CP I)

Gesammelte Aufsätze, Bd. I: Das Problem der sozialen Wirklichkeit. Den Haag, 1971. (Abk. GA I)

——. (1962) *Collected Papers*, Vol. II, The Hague. (Abbr. CP II) Gesammelte Aufsätze, Bd. II: Studien zur Soziologischen Theorie. Hrsg. von Arvid Brodersen, Den Haag 1971. (Abk. GA II)

——. (1966) *Collected Papers*, Vol. II, The Hague. (Abbr. CP II) Gesammelte Aufsätze, Bd. III: Studien zur Phänomenologischen Philosophie. Hrsg. von Alexander von Baeyer, Den Haag 1971. (Abk. GA III)

——. (1971) *Das Problem der Relevanz* (Hrsg. von

Richard M. Zaner), Frankfurt a. M.

——. (1977) Husserl and his Influence on me, ed. by Lester Embree, *Annuals of Phenomenological Sociology*, Vol. II, 41–44.

Srubar, Ilja. (1988) *Kosmion: Die Genese der pragmatischen Lebenswelttheorie von Alfred Schütz und ihr anthropologischer Hintergrund*, Frankfurt a. M.

Ströker, Elisabeth. (1997) *The Husserlian Foundations of Science*, Dordrecht/Boston: Kluwer Academic Publishers.

Waldenfels, Bernhard. (1980) *Der Spielraum des Verhaltens*, Frankfurt a. M.: Suhrkamp.

Wagner, Helmut.R. (1983) Alfred Schutz: An Intellectual Bibliography, Chicago and London: The University of Chicago Press.

——. (1984) Schutz's Critical Dialogue with Edmund Husserl, in *Human Studies*, I, 179–199.

Kern, Iso. (1977) The Three Ways to the Transcendental Phenomenological Reduction in the Philosophy of Edmund Husserl, in F. Elliston & P. Mccormick (eds.), *Husserl: Expositions and Appraisals*, University of Notre Dame Press.

Marx, Werner. (1987) *Die Phänomenologie Edmund*

Husserls, München: Wilhelm Fink Verlag.

Melle, Ullrich. (1996) Nature and Spirit, in *Issues in Hueerl's Ideas II* (Thomas Nenon and Lester Embree eds.), Dordrecht/Boston/London: Kluwer Academic Publishers.

Ricoeur, Paul. (1967) *Husserl: An analysis of his phenomenology* (trans. Edward G. Ballard and Lester Embree), Evanston: Northwestern University Press.

Schutz, Alfred. (1977) Husserl and His Influence on Me, in Don Ihde and Richard M. Zaner (eds.), *Interdisciplinary phenomenology*, The Hague: Martinus Nijhoff.

图书在版编目(CIP)数据

胡塞尔与世间意识/游淙祺著. —上海：上海人民出版社，2018
(日月光华. 哲学讲堂)
ISBN 978-7-208-15592-3

Ⅰ. ①胡… Ⅱ. ①游… Ⅲ. ①胡塞尔(Husserl, Edmund 1859-1938)-现象学-研究 Ⅳ. ①B089 ②B516.52

中国版本图书馆 CIP 数据核字(2018)第 288623 号

责任编辑 赵 伟
封面设计 范昊如 夏 雪

日月光华·哲学讲堂
胡塞尔与世间意识
游淙祺 著

出　版 上海人民出版社
(200001 上海福建中路 193 号)
发　行 上海人民出版社发行中心
印　刷 江阴金马印刷有限公司
开　本 787×1092 1/32
印　张 6.5
插　页 5
字　数 107,000
版　次 2019 年 1 月第 1 版
印　次 2020 年 7 月第 2 次印刷
ISBN 978-7-208-15592-3/B·1376
定　价 38.00 元